Eduard Soeffker

ErlebnisWandern mit Kindern
OBERSTDORF · KLEINWALSERTAL

24 Wanderungen und Ausflüge

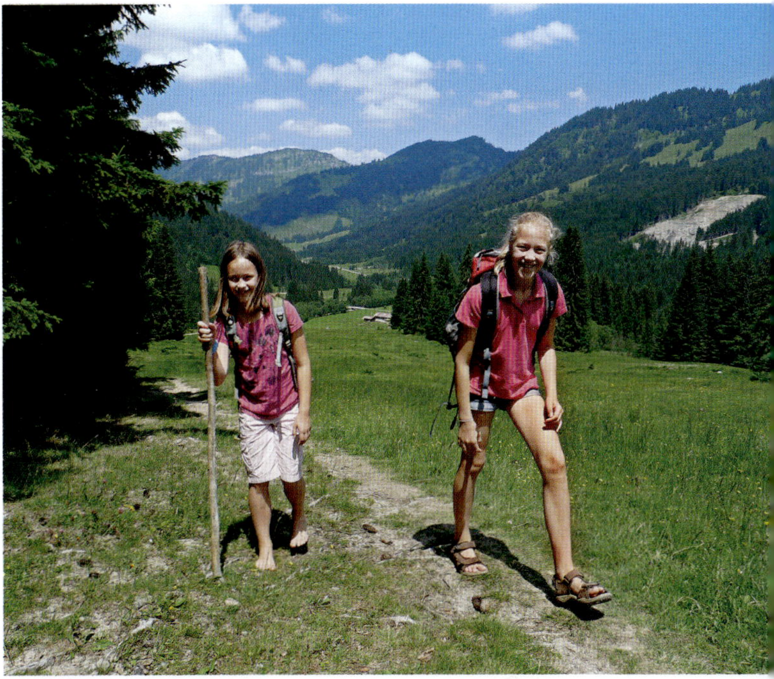

Vorwort

Wer mit seinen Kindern ereignisreiche und spannende Urlaubstage vor einer fantastischen Bergkulisse erleben möchte, ist in Oberstdorf und dem angrenzenden Kleinwalsertal genau richtig. Unzählige klare Gebirgsbäche, malerische Gebirgsseen, gewaltige Berge und atemberaubende Naturschönheiten warten hier auf die kleinen und großen Bergsteiger in einem eng umgrenzten Gebiet. Das Spektrum reicht von lieblichen Talwanderungen in die wasserreichen Oberstdorfer Täler und die Kleinwalsertaler Seitentäler über Wanderungen zu gemütlichen bewirtschafteten Alpen mit Kinderspielplätzen und vielen Tieren bis hin zu spannenden Familienbergtouren auf einen der großartigen, blumenreichen Aussichtsgipfel. Das Wandergebiet ist bestens mit Bergbahnen erschlossen, was auch weniger konditionsstarken Familien das Wandern vor diesem traumhaften Panorama ermöglicht.

In den letzten Jahren wurde gerade für Familien einiges in dem hier beschriebenen Gebiet getan, so sind mit dem Burmiwasser an der Kanzelwandbahn-Bergstation, dem Burmi-Erlebnisweg bei Riezlern, dem alpwirtschaftlichen Erlebnisweg Uff d'r Alp an der Station Seealpe der Nebelhornbahn und mit Deutschlands höchstgelegenem Kletterwald an der Söllereckbahn-Bergstation tolle Attraktionen hinzugekommen. Daneben locken zum Beispiel die schienengeführte, moderne Sommerrodelbahn an der Söllereckbahn-Talstation, ein Besuch der fantastischen Naturschauspiele Breitachklamm und Sturmannshöhle sowie eine sechs Kilometer lange Abfahrt mit dem Bergroller vom Oytalhaus hinunter nach Oberstdorf. Vorbildlich sind auch die Outdoor-Programme für Kinder sowohl in Oberstdorf wie im Kleinwalsertal, in letzterem werden sogar zusätzlich Erlebnisprogramme für die ganze Familie angeboten. Dies und viele weitere Freizeit- und Schlechtwettertipps findet man in dem angehängten Serviceteil am Ende des Buchs.

Beim Ausprobieren der vielen spannenden Touren wünsche ich Ihnen mit Ihrer Familie nun viel Spaß beim Wandern, Erleben und Entdecken. Lassen Sie sich von diesem wunderschönen Gebiet genauso verzaubern wie bei mir und meiner Familie schon längst geschehen.

Eduard Soeffker

Das macht Kindern Spaß: Bei der Wanderung zum Koblat- und Laufbichelsee (Tour 18) sind auch einige größere Felsbrocken zu überwinden.

Inhalt

Vorwort	3
Allgemeine Hinweise	6
GPS-Daten und Koordinaten der Ausgangspunkte	9
Wandern mit Kindern in Oberstdorf und im Kleinwalsertal	15

▶ 1 **Bärgunthütte, 1392 m**
Wasserspaß im Bärgunttal 22

▶ 2 **Hintere Gemstelhütte, 1321 m**
Alperlebnis mit Spielplatz 26

▶ 3 **Walmendinger Horn, 1990 m**
Blumenlehrpfad und kurzweiliger Abstieg 31

▶ 4 **Bühlalpe und Max' Hütte**
Alprunde unterm Walmendinger Horn 36

▶ 5 **Hoher Ifen, 2229 m**
Traumtour für bergerprobte Familien 40

▶ 6 **Alpe Melköde, 1346 m**
Natürlicher Wasserspaß am Schwarzwasserbach 46

▶ 7 **Burmi-Erlebnisweg**
Ideenreiche Mitmachstationen an der Breitach 50

▶ 8 **Fellhorn, 2038 m**
Burmiwasser und malerischer Gebirgssee 54

▶ 9 **Kuhgehrenspitze, 1910 m**
Erlebniswege und Alpeinkehr 60

▶ 10 **Naturbrücke und Mahdtalhaus**
Interessantes Naturdenkmal am Schwarzwasserbach 65

▶ 11 **Runde durch die Breitachklamm**
Faszinierende Schlucht mit tosendem Wasser 70

▶ 12 **Höhenweg nach Riezlern**
Sommerrodelbahn und gemütlicher Panoramaweg 76

▶ 13 **Freibergsee, 931 m**
Badeausflug und Skiflugschanze 82

▶ 14 **Über Fellhorn, 2038 m, und Schlappoldkopf**
Spannende Gratwanderung über die Sölleralpe 86

▶ 15 **Einödsbach und Buchrainer Alpe, 1129 m**
Traumblick und kristallklare Gebirgsbäche 92

▶ **16 Gerstruben, 1155 m**
   Über den Hölltobel zum Museumsdorf   98

▶ **17 Oytalhaus, 1010 m**
   Talfahrt mit dem Bergroller   103

▶ **18 Koblat- und Laufbichelsee, 2024 m**
   Faszinierende Tour über die Karstfläche des Koblat   108

▶ **19 Faltenbachtobel und Erlebnisweg Uff d'r Alp**
   Wasserfälle und Mitmachstationen   114

▶ **20 Alpenwildpark und Sturmannshöhle**
   Abwechslungsreiche Runde mit vielen Attraktionen   118

▶ **21 Felsendom (Judenkirche), 1060 m**
   Spannendes Naturdenkmal am Ochsenberg   123

▶ **22 Großer Ochsenkopf, 1662 m**
   Barfußabenteuer in der Moorlandschaft   128

▶ **23 Eichhörnchenwald Fischen**
   Zahme Nager im familienfreundlichen Kurpark   134

▶ **24 Scheuenwasserfall, 1317 m**
   Gebirgsbach, Gumpe und Kristalle   137

Freizeit- und Schlechtwettertipps
   Reiten   142
   Baden   143
   Spielplätze   147
   Minigolf   148
   Kletterwald und Sommerrodelbahn   148
   Sonstige Freizeittipps   151
   Kinderferienprogramm   154

Stichwortverzeichnis   156
Impressum   160

Allgemeine Hinweise

Anforderungen

Die vorgestellten Touren verlaufen durchgängig auf markierten Wegen und Steigen. Viele sind auch für kleinere Kinder ohne größere Schwierigkeiten zu meistern. Um die Tourenauswahl zu erleichtern, sind die Tournummern unterschiedlich farbig hinterlegt. Nähere Informationen zu den Anforderungen sind bei jeder Tour in der Kurzinfo aufgeführt. Zusätzlich erfolgt dort auch eine Empfehlung, ab welchem Alter die Wanderungen für die Kinder geeignet sind. Sowohl die farbige Dreiteilung der Tourenvorschläge, als auch die Altersempfehlung sind aber nur als Anhaltspunkt zu verstehen. Letztendlich wissen die Eltern am besten, was ihren Kindern zuzutrauen ist. Die Farben der Tournummern bedeuten im Einzelnen:

▶ **Leicht**

Touren auf gut angelegten Wegen oder Pfaden in einfachem Gelände. Diese meist kürzeren Wanderungen, bei denen keine Bergerfahrung erforderlich ist, werden schon von den Kleineren bestens gemeistert. Gut profilierte Trekkingsandalen sind für diese Touren ausreichend.

▶ **Mittel**

Wanderungen auf meist gut ausgebauten Wegen, Bergsteigen und -pfaden, die teilweise auch über Wurzelpfade verlaufen oder recht schmal, felsig oder rutschig sein können. Die Touren führen zum Teil über steileres Gelände, es sind meist längere Strecken oder größere Höhenunterschiede zu überwinden, für die Ausdauer erforderlich ist. Teilweise sind bei diesen Wanderungen etwas Trittsicherheit und Bergerfahrung vonnöten. Für diese Touren sind Trekkingschuhe oder Wanderschuhe anzuraten (siehe jeweilige Kurzinfo).

▶ **Schwierig**

Diese anspruchsvollen, längeren Wanderungen mit größeren Höhenunterschieden erfordern sicheres Gehen (und Kraxeln) in felsigem und schrofigem Gelände. Schwindelfreiheit und/oder absolute Trittsicherheit sind bei diesen Touren, die nur für Kinder und Erwachsene mit Bergerfahrung geeignet sind, unerlässlich. Zum Teil sind die Bergsteige ausgesetzt und mit Drahtseilen gesichert. Bergschuhe sind hier ein absolutes Muss!

Gehzeiten

Die Zeitangaben geben die Gehzeit ohne Pausen an und sind reichlich bemessen. Je nach persönlicher Konstitution und Ausdauer der Kinder kann die tatsächlich benötigte Zeit von dem angegebenen Richtwert abweichen. Wir empfehlen, dem natürlichen Forscherdrang der Kinder nachzugeben und immer wieder kleine Spielpausen einzulegen. Das intensive Auseinandersetzen mit der Natur erweitert nicht nur den kindlichen Horizont, sondern trägt auch in ganz erheblichem

Gipfelglück am Hohen Ifen überm Gottesackerplateau (Tour 5).

Herrlicher Ausblick ins Kleinwalsertal (Tour 12).

Maß zu einer gesunden Persönlichkeitsentwicklung bei. Zwei Faktoren, die sich nicht in Zeit messen lassen.

Anfahrt

Oberstdorf und das Kleinwalsertal sind vom Norden her über die A 7, die A 980 und die teils autobahnähnlich ausgebaute B 19 gut zu erreichen. In der Haupturlaubszeit ist aber besonders samstags bei schönem Wetter ab Sonthofen auf der ab dort nicht mehr zweispurig ausgebauten B 19 mit Stau zu rechnen. Oberstdorf ist an das Schienennetz der Deutschen Bahn angebunden, gegenüber des Oberstdorfer Bahnhofs befindet sich der Busbahnhof, an dem sämtliche Buslinien in die Oberstdorfer Täler, Richtung Norden nach Sonthofen, Fischen, Schöllang, Balderschwang, der Oberstdorfer Ortsbus und die Linie 1 des Walserbusses, der im 10-bis-20-Minuten-Takt ins Kleinwalsertal fährt, starten. Im Kleinwalsertal bringen vier weitere Buslinien die Gäste zu vielen Ausgangspunkten und Beherbergungsbetrieben, sodass man gut ohne Auto anreisen kann oder zumindest im Urlaub das Auto auch einmal stehen lassen kann. Für Besitzer der Allgäu-Walser-Card, die alle Unterkünfte für ihre Gäste bereithalten, ist die Fahrt mit dem Oberstdorfer Ortsbus und sämtlichen Linien des Walserbusses auf österreichischem Gebiet kostenlos (die Strecke Oberstdorf – Station Walserschanz des Walserbusses 1 ist kostenpflichtig, da diese in Deutschland verläuft).

In der Kurzinfo der einzelnen Touren sind neben Infos zur Anfahrt mit dem Auto, auch Hinweise zum Erreichen der Ausgangspunkte mit Bahn und Bus aufgeführt.

Der malerische Schlappoldsee vor der Fellhornbahn (Touren 8 und 14).

Bergbahnen

Oberstdorf und das Kleinwalsertal warten mit einer großen Bergbahndichte auf. Bei einigen der vorgestellten Wanderungen ist die Benutzung der Bergbahn unerlässlich. In der Regel werden zwar eigene Kinder bis 14 Jahren umsonst befördert oder es muss lediglich das erste Kind der Familie bezahlen, dennoch ist die Fahrt mit der Bergbahn keine günstige Angelegenheit. Viele Ferienwohnungen, Pensionen und Hotels beteiligen sich aber an der Aktion »Bergbahn Inklusive«, die es den Gästen ermöglicht, die Bergbahnen im Sommerbetrieb kostenlos zu nutzen (gilt nicht für die Hörnerbahn in Bolsterlang). Unterkünfte mit »Bergbahn Inklusive« finden Sie für Oberstdorf unter www.oberstdorf.de/gastgeber/angebote/bergbahnen-inklusive.html. Für das Kleinwalsertal ist unter der Unterkunftssuche www.kleinwalsertal.com/de/Suchen-Buchen/Unterkunft-buchen bei den einzelnen Betrieben vermerkt, ob die Bergbahn inklusive ist.

Die Betriebszeiten, Internetadressen und Telefonnummern der Bergbahnen sind im Infoteil der Touren angegeben. Dennoch ist es ratsam, sich vor Antritt der Tour über die aktuellen Fahrpläne und Preise zu informieren.

Einkehr

In der Kurzinfo werden auch sämtliche auf der Wanderroute gelegenen Gasthäuser und Alpen mit Öffnungszeiten, Ruhetagen, Telefonnummern und, wenn vorhanden, Homepage aufgelistet. Ist man außerhalb der Hauptsaison unterwegs und plant eine Einkehr, ist es empfehlenswert, sich vor Beginn der Wanderung beim Wirt zu erkundigen, ob er auch tatsächlich geöffnet hat. Viele bewirtschaftete kleinere Alpen betreiben die Verköstigung hungriger Wanderer lediglich neben der bestehenden Milchwirtschaft, sodass hier nur Brotzeiten angeboten werden.

Ausrüstung

Schuhwerk: Bei »blau« markierten Wanderungen werden keine Wanderschuhe benötigt, hier reichen in der Regel gut sitzende, stark profilierte Trekkingsandalen (Kombination aus Stollen- und Lamellenprofil o. Ä.) aus. Diese sind nicht nur leichter und luftiger als Bergschuhe, sondern auch schnell aus- und wieder angezogen, sollte ein Bach den Wanderweg kreuzen oder man ein Stück barfuß zurücklegen wollen.

Für »rot« (hier auch Ausnahmen) und »schwarz« gekennzeichnete Touren sind knöchelhohe Wanderstiefel unerlässlich.

Schuhe müssen passen. Sind sie zu groß oder zu weit, so scheuern sie und bieten zu wenig Halt. Sind sie zu klein und drücken, vergällen sie den Spaß am Wandern. Wanderschuhe auf Größenzuwachs zu kaufen und als Zwischenbehelf mit zwei Paar Socken zu arbeiten, schont zwar den Geldbeutel, nicht aber den Träger: Die zwei Lagen Socken arbeiten in der Bewegung oft genug gegeneinander, es kommt zur Faltenbildung, zu Druckstellen und Blasen.

Rucksack: Ein eigener guter Kinderrucksack, der wie ein Erwachsenenrucksack am besten über gepolsterte Schultergurte, Beckengurt zur Entlastung der Schulterpartie und einen Belüftungseinsatz am Rücken verfügen sollte und mit etwas bestückt ist, das die Kinder auf die Wanderung mitnehmen wollen, wie Fotoapparat, Trinkflasche oder etwas Leckeres zu Essen, erfüllt die jungen Wanderer nicht nur mit Stolz. Der Rucksack bietet auch Platz für gesammelte »Schätze« wie Tannenzapfen, Steine, Samen und Blätter. Allerdings gilt beim Beladen dasselbe wie beim Schulranzen: 10–12 Prozent des Körpergewichts bilden die Höchstgrenze.

Andere Ausrüstungsgegenstände: Am besten sollte ein Erste-Hilfe-Set mit Pflaster, Pinzette, Hautdesinfektionsmittel und speziellem Blasenpflaster mit von der Partie sein. Pullover und Regenbekleidung gehören auch im Sommer stets mit in den Rucksack, da das Wetter im Gebirge schnell umschlagen kann und es generell in der Höhe um einige Grad kälter ist als im Tal. Da die Sonne in den Bergen intensiver scheint als im flachen Land, muss man im Sommer unbedingt an eine Kopfbedeckung denken, die Kinder schon vor der

GPS-Daten und Koordinaten der Ausgangspunkte

Zu diesem Wanderbuch stehen auf www.rother.de GPS-Tracks und Koordinaten der Ausgangspunkte zu allen Touren zum kostenlosen Download bereit.

3. Auflage, Passwort: **312103bsu**

Die GPS-Daten wurden vom Autor im Gelände aufgezeichnet und anhand einer digitalen Karte überarbeitet. Verlag und Autor haben die Tracks und Wegpunkte nach bestem Wissen und Gewissen überprüft. Dennoch können wir Fehler oder Abweichungen nicht ausschließen, außerdem können sich die Gegebenheiten vor Ort zwischenzeitlich verändert haben. GPS-Daten sind zwar eine hervorragende Planungs- und Navigationshilfe, erfordern aber nach wie vor sorgfältige Vorbereitung, eigene Orientierungsfähigkeit sowie Sachverstand in der Beurteilung der jeweiligen (Gelände-)Situation. Man sollte sich für die Orientierung auch niemals ausschließlich auf GPS-Gerät und -Daten verlassen.

Spaß am Burmiwasser (Tour 8), im Hintergrund die Kanzelwand.

Tour eincremen und dies je nach Sonneneinstrahlung während der Tour wiederholen (auch bei Bewölkung!). Gerade die Oberbekleidung ist beim Aufstieg schnell durchgeschwitzt, sodass auf keinen Fall ein Ersatz-T-Shirt fehlen sollte. Führt die Tour am Wasser entlang, gehört eine komplette Wechselgarnitur bei kleineren Kindern geradezu zur Pflichtausstattung. Im Frühjahr und Herbst sollte man bei Touren, die höher hinausgehen stets auch Mütze und Handschuhe mitnehmen.

Für Touren, bei denen Trittsicherheit erforderlich ist, empfiehlt es sich, kleinere Kinder mit einer Reepschnur, eventuell auch in Verbindung mit einem Brustgeschirr, zu sichern. Oft genügt es aber auch, die Kinder an einigen wenigen, gefährlicheren Stellen an die Hand zu nehmen.

Eltern, die mit Kraxe unterwegs sind, ist anzuraten, wegen des erhöhten Gewichts, das beim Bergabgehen von hinten gehörig anschiebt, Trekkingstöcke zu benutzen.

Kinder-Highlights

Was die jeweilige Tour für Kinder alles zu bieten hat, ist in dem Kasten »Highlights« in Kurzform dargestellt. Und das ist eine ganze Menge, denn bei der Auswahl der Wanderungen haben wir Wert darauf gelegt, dass für alle Kinder etwas dabei ist. Das Angebot reicht von einem Klammweg über gemütliche Wanderungen zu Alpen mit Spielplätzen und Tieren bis hin zu einer drahtseilgesicherten Kraxeltour oder einer Wanderung auf 2000 m Höhe zu zwei wunderschönen Bergseen. Mehrere Erlebniswege, Abenteuerspielplätze, eine Sommerrodelbahn und ein Waldseilgarten warten darauf, von den Kindern erstürmt zu werden. Und dann ist da auch noch das Murmeltier »Rothi«, das bei jeder Tour Naturphänomene und Besonderheiten der Wanderung kindgerecht erklärt.

Freizeit- und Schlechtwettertipps

Im Anschluss an den umfangreichen Tourenteil werden am Ende des Buches (S. 142), gegliedert nach Kategorien, 25 zusätzliche Freizeit- und Schlechtwettertipps im Bereich Oberstdorf und Kleinwalsertal vorgestellt. Diese können entweder als eigenständige Ausflüge oder als Tourenergänzung geplant werden. Zur leichteren Orientierung wurden diese Attraktionen mit Buchstaben versehen und zusätzlich zu den Touren in die Übersichtskarte eingetragen.

Gefahren in den Bergen

Die hier vorgestellten Wanderungen folgen angelegten bzw. ausgetretenen Wegen und Steigen. Im Gebirge ist jedoch stets Vorsicht geboten, dies gilt insbesondere für Wege, bei denen Trittsicherheit und/oder Schwindelfreiheit erforderlich sind, also an ausgesetzten und abrutschgefährdeten Stellen, sowie auf Wegen, die an einem steilen Abgrund entlang verlaufen. Um die Absturzgefahr zu vermindern, sollte man die Kinder dazu anhalten, zum Schauen stehen zu bleiben. Wer mit Kindern schwierigere, in diesem Buch »schwarz« gekennzeichnete Touren unternehmen möchte, sollte selbst über ausreichend Bergerfahrung verfügen und ein sicherer Bergwanderer sein.

Je nach Jahreszeit kann in den höheren Lagen noch oder schon wieder Schnee liegen, sodass hier erhöhte Rutschgefahr besteht und man in Erwägung ziehen sollte – gerade mit Kindern –, die Wanderung abzubrechen und lieber zu einem späteren Zeitpunkt wiederzukehren. Dasselbe gilt auch bei der Gefahr einer Überanstrengung oder Überforderung – in solchen Fällen bleibt einem nichts anderes übrig, als sich mit einem Teilziel zufriedenzugeben!

Im Gebirge besteht häufig Steinschlaggefahr. Hierüber müssen Kinder aufgeklärt und zudem angehalten werden, keine Steine loszutreten oder in die Tiefe zu werfen.

Bei schlechtem Wetter steigen die Gefahren am Berg. Von daher sollte man die Wettervorhersage bei der Wahl der Tour berücksichtigen und gegebenenfalls rechtzeitig umkehren. Gerät man trotz aller Vorsicht dennoch in ein Gewitter, ist unbedingt darauf zu achten, sich von exponierten Stellen, wie Gipfel(kreuz), Joch oder Grat, sowie von Metallischem (z. B. Drahtseilen) fernzuhalten. Auf keinen Fall darf bei Gewitter ein Regenschirm mit Metallverstrebungen aufgespannt werden.

Im Sommer sind längere steile Aufstiege zur Mittagszeit wegen der

Erfrischung am Koblat (Tour 18).

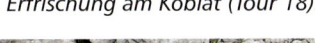

Unterwegs auf dem blumenreichen Fellhorngrat (Tour 14).

Gefahr der Überhitzung bis hin zum Hitzschlag zu vermeiden. Schattige Plätze und ausgedehnte Pausen – im Idealfall am Bach oder See – haben bei hohen Temperaturen Priorität.

In Sichtweite bleiben
Beim Aufstieg gehen die Kinder generell vor den Eltern, damit diese die jungen Wanderer stets im Blick haben. Beim Abstieg, insbesondere bei »rot« oder »schwarz« gekennzeichneten Touren, müssen die Kinder aber hinter den Eltern bleiben, da hier immer wieder mit steileren Stellen zu rechnen ist, die die Kinder oft falsch einschätzen. Außerdem wird so verhindert, dass sie den Berg hinunterrennen, die Gefahr schwerer Stürze wäre hierbei – auch bei leichteren Touren – einfach zu groß.

Zecken, Schlangen, Wespen
Zecken sitzen vornehmlich auf Sträuchern, hohen Gräsern, Farnen oder im Unterholz bis zu einer Höhe von 1,50 m, also bis zur Größe ihres potenziellen Wirtes, und werden beim Vorbeigehen abgestreift. Da sich diese Plagegeister nicht direkt auf dem Boden aufhalten, besteht übrigens beim Barfußlaufen keine erhöhte Gefahr eines Zeckenbisses. Zwar gibt es mittlerweile gut verträgliche Impfstoffe, diese bieten aber lediglich Schutz vor FSME, der Frühsommermeningitis (=Hirnhautentzündung). Gegen die wesentlich weiter verbreitete Borreliose hingegen gibt es nach wie vor keine Vorbeugung. Deshalb sollte unbedingt nach jedem Aufenthalt im Grünen der gesamte Körper, insbesondere Körperfalten, Achselhöhlen und Bauchnabel auf Zecken abgesucht werden. Dies geschieht am besten gegenseitig. Nach einem Zeckenbiss sollte man auf jeden Fall einen Arzt aufsuchen, vor allem, wenn sich um die Einstichstelle herum ein roter Ring bildet.

Die giftige Kreuzotter ist auch in unseren Gefilden heimisch, sie besiedelt Waldschneisen, Waldränder, Moore, alpine Geröllfelder, Bergwiesen und feuchte Niederungen. Die

Schlangen sind von weißgrau über braun bis kupferrot oder schwarz gefärbt und weisen allesamt ein mehr oder weniger deutlich ausgeprägtes Zickzackband auf. Normalerweise flieht die Schlange vor dem Menschen und beißt nur, wenn sie sich angegriffen fühlt. Für Kinder oder ältere Menschen kann ein Biss der Kreuzotter lebensgefährlich werden. Sollte man gebissen werden, Ruhe bewahren, um das Gift nicht durch hektische Bewegungen im Körper zu verteilen. Oft enthält ein Biss der Kreuzotter zwar nur wenig oder gar kein Gift, da sie dieses für die Jagd auf Beutetiere benötigt und mit dem Gift haushalten muss, man sollte sich aber auf jeden Fall nach einer Kreuzotterattacke ins Krankenhaus bringen lassen. Um erst gar nicht mit einer Kreuzotter in Berührung zu kommen, empfiehlt es sich, unübersichtliche Bereiche wie Gestrüpp zu meiden und vor dem Hinsetzen den Rastplatz in freier Natur gründlich zu inspizieren.

Wespen werden von süßen Getränken und Essen schnell angezogen. Besonders in den Almwirtschaften kann das im Spätsommer zu einer richtigen Plage werden. Besonders gefährlich ist es, eine in ein Trinkglas gefallene Wespe zu verschlucken, da nach einem Stich der Hals so weit anschwellen kann, dass man in Atemnot gerät. Aus diesem Grund sollten Kinder zu dieser Jahreszeit Getränke am besten nur mit einem Strohhalm zu sich nehmen und bei jedem Bissen darauf achten, ob sich nicht eine Wespe auf der Gabel befindet. Bienen und Wespen halten sich besonders gern auf blühendem Klee und Blumen auf – hierauf bitte insbesondere barfuß laufende Kinder hinweisen. Allergiker müssen immer ein wirksames Gegenmittel im Rucksack haben.

Pilze und Beeren

Es empfiehlt sich, insbesondere kleineren Kindern jedes Mal aufs Neue einzuschärfen, keine Pilze und Beeren zu essen und keine Pflanzen in den Mund zu nehmen. Kindergarten- und Schulkinder lernen zwar oft einiges über Wildkräuter und wollen das in der Natur auch unter Beweis stellen. Was aber in der Theorie einfach und klar erscheint, ist in der Praxis meist nicht ganz eindeutig. Oft genug tun sich auch Erwachsene schwer, die ungiftigen von den giftigen Pflanzen zu unterscheiden, was zum Beispiel bei der Verwechslung des genießbaren Bärlauchs mit den fast identisch aussehenden Blättern der Herbstzeitlosen immer wieder zu schweren Vergiftungen führt.

Steinmännchenbauen beim Scheuenwasserfall (Tour 24).

»Was guckst Du?« – *Kälber sind immer neugierig.*

Kühe

Kühe scheinen rund um Oberstdorf und im Kleinwalsertal nahezu allgegenwärtig zu sein, und es gibt viele Wanderungen, die zumindest kurz über eine Almweide führen. Die schwerfällig wirkenden Tiere sind in aller Regel an Wanderer gewöhnt und lassen sich beim Grasen und Wiederkäuen meist nicht so schnell aus der Ruhe bringen. Es empfiehlt sich dennoch, in gebührendem Abstand (ca. 20 m) an den Tieren vorbeizugehen und lieber einmal den Weg kurz zu verlassen, wenn eine Kuh keine Anstalten macht, zur Seite zu gehen. Unbedingt vermeiden sollte man es, mit Armen oder Stöcken herumzufuchteln oder Lärm zu machen. Den Tieren nicht direkt in die Augen schauen und ihnen nicht den Rücken zukehren – auch wenn sie sich nähern. Besonders Jungtiere sind manchmal neugierig und kommen ab und an erschreckend schnell angetrabt. In solchen Fällen hilft es, sich in Erinnerung zu rufen, dass Kühe tatsächlich reine Pflanzenfresser sind, und mit Entschlossenheit die Schreckhaftigkeit der Tiere auszunutzen. Wem die Tiere zu aufdringlich werden, kann sich durch plötzliches, beherztes Hochreißen der Arme und ein lautes, kräftiges »Hoh, Hoh!« nicht nur schnell Platz, sondern zugleich auch Respekt verschaffen. Genauso kann man verfahren, wenn ein Tier scheinbar absichtlich einen Zaundurchlass versperrt. Kälber und Jungrinder sollte man auf keinen Fall streicheln – das ist eine Bedrohungssituation für die Mutterkühe. Problematisch ist es, mit einem Hund die Weide zu betreten, da die Kühe diesen als Nachfahren des Wolfs als Feind ansehen. Daher sollte man, wenn man die Weide nicht umgehen kann, den Hund anleinen und möglichst großen Abstand zu den Tieren halten. Greifen die Kühe dann dennoch an, ist der Hund von der Leine zu lassen. Während der Hund flüchtet, kann man sich selbst in Sicherheit bringen. Droht eine Kuh, indem sie einen fixiert, den Kopf senkt und schnaubt, scharrt oder brüllt, sollte man sich langsam aus der Gefahrenzone zurückziehen, Drohgebärden mit einem Stock oder lautes Rufen können dann die gereizte Kuh zum Umkehren bewegen.

Alpines Notsignal

Sollte man im Gebirge einmal Hilfe benötigen, ist es vorteilhaft, das alpine Notsignal zu kennen, da der Handyempfang in den Bergen oftmals nur sehr rudimentär vorhanden ist. Es besteht aus einem optischen oder akustischen Zeichen, das sechs Mal in der Minute abgegeben wird, gefolgt von einem einminütigem Pausenintervall. Diese Signalfolge wird so lange wiederholt, bis eine Antwort erfolgt. Sie besteht aus einem Zeichen, das drei Mal pro Minute abgegeben wird und bedeutet »Ich habe verstanden«.

Wandern mit Kindern in Oberstdorf und im Kleinwalsertal

Grenzenloses Wandervergnügen für Kinder jeden Alters

Oberstdorf und das Kleinwalsertal liegen inmitten einer fantastischen Natur mit großem Wasserreichtum, vielen Tälern, umgeben von Bergriesen und sanften Hügeln, die für Kinder aller Altersklassen und Fertigkeiten abwechslungsreiche und kindgerechte Wanderungen mit viel Spaß und Aktion bieten. Die in diesem Führer beschriebene Region liegt im Grenzgebiet zwischen Österreich und Deutschland, mehrere Touren aus dem Buch verlaufen vom einen in das andere Land. Das Kleinwalsertal weist eine Besonderheit auf, es gehört bereits zu Vorarlberg in Österreich, ist aber an das Verkehrsnetz nur von Deutschland aus angebunden. Aus diesem Grund haben die Orte in diesem malerischen Tal sowohl eine österreichische als auch eine deutsche Postleitzahl.

Das Kleinwalsertal wurde ab dem späteren 13. Jahrhundert von den Walsern besiedelt, einer Volksgruppe die aus der Schweiz zuwanderte. Diese Herkunft unterscheidet die Bewohner sprachlich noch heute von den Oberstdorfern einerseits und den übrigen Vorarlbergern andererseits, sodass man hier nah beieinander drei unterschiedliche Dialekte vorfindet. Während Oberstdorf ein großer Fremdenverkehrsort mit vielen Besuchern auf engem Raum und sehr guter Infrastruktur ist, geht es im Kleinwalsertal beschaulicher zu, hier verteilen sich die Besucher auf die weit gestreuten Orte Riezlern, Hirschegg, Mittelberg und Baad. Aber auch in Riezlern, das nahtlos in den Ort Hirschegg übergeht, ist in der Hauptsaison einiges los. Beide Gebiete haben aber so eine große Anzahl an Wander- und Erlebnismöglichkeiten zu bieten, dass sich

Mit Wanderstock macht das Wandern doppelt so viel Spaß (Tour 24).

die Gäste – sieht man einmal von den Wegen in unmittelbarer Nähe der Bergbahnen ab – sehr gut verteilen, und es in der Regel auch zu keinen größeren Wartezeiten an den Bergbahnen kommt. Für Autofahrer empfiehlt es sich aber, früh dran zu sein. Es gibt zwar viele Parkplätze, diese sind aber trotz der relativ hohen Parkgebühren am späteren Vormittag in der Hauptsaison besonders bei der Walmendingerhornbahn, der Kanzelwandbahn und der Nebelhornbahn schnell belegt.

Die Wanderzeit beginnt in Oberstdorf und dem Kleinwalsertal erst etwas später als andernorts, da diese Region für ihren Schneereichtum bekannt ist. Oft liegt auf 1000 m Höhe noch bis in den Mai hinein Schnee, auf Höhen um die 2000 m ist Schnee im Juli keine Seltenheit. Kommt dann der Frühling ins Land, können wir uns über einen ungeheuren Blumenreichtum auf den Wiesen im Tal und besonders auch auf den Bergen freuen. Besonders eindrucksvoll ist hier im Juni / Juli die Alpenrosenblüte auf den Hängen am Fellhorn.

Neben der fantastischen Natur schätzen Familien besonders die abwechslungsreichen Wanderwege, die kinderfreundlichen Einkehrmöglichkeiten und das große Freizeitangebot in Oberstdorf und dem Kleinwalsertal. Beide Gebiete bieten für Kinder darüber hinaus ein umfangreiches Aktionsprogramm (siehe Freizeittipps S. 142–155). Jeder Gast erhält bei Ankunft die kostenlose Allgäu-Walser-Card ausgehändigt, mit der viele Einrichtungen (z. B. Bergbahnen) im ganzen Allgäu und im Kleinwalsertal ermäßigt sind. Der Ortsbus in Oberstdorf und der Walserbus auf österreichischem Gebiet des Kleinwalsertales sind mit dieser Karte kostenlos. Auf die Allgäu-Walser-Card können zusätzliche Aktionen zur dann kostenfreien Nutzung dazugebucht werden. Viele Häuser bieten den Service »Bergbahn Inklusive« an, der ebenfalls auf die Allgäu-Walser-Card aufgebucht wird (siehe Bergbahnen S. 8).

Bewegung in der Natur

Nur wenn sich Kinder regelmäßig und ausdauernd bewegen, kann sich ihr Körper richtig entwickeln und entfalten, denn die vielen Muskeln, die verantwortlich sind für die Feinabstimmung des Bewegungsapparates, werden erst durch das Herumtoben, Laufen, Tanzen und Springen aufgebaut. Kinder müssen nicht nur lernen, ihren Körper bei einem Sturz richtig abzufangen, sondern auch ihre Leistungsfähigkeit richtig einzuschätzen. All dies erfordert viel Übung und Sammeln an Erfahrung. Ihre Umwelt wollen Kinder mit allen

Gaudi unterm Großen Ochsenkopf (Tour 22).

Sinnen begreifen und erleben. Und wo könnten sie das besser als in der freien Natur? Sie wollen sehen, wie ein Spinnennetz nach einem Regenguss in der Sonne glitzert, fühlen, wie weich ein Mooskissen, wie rau die Rinde eines Baumes und wie kalt ein Gebirgsbach im Sommer ist. Riechen, welch herrlich warmen Duft der Wald verströmt, lauschen auf die Geräusche der Natur abseits vom Lärm der Großstadt und immer wieder etwas Neues entdecken.

Auf dem Erlebnisweg Uff d'r Alp gibt es viel zu entdecken (Tour 19).

Tourenauswahl

Durch spielerisches Hin- und Herlaufen legen Kinder oft die doppelte Wegstrecke wie die Erwachsenen zurück, sodass es sich gerade anfangs empfiehlt, leichte und kurze Touren zu wählen und die Zeit sehr großzügig und mit langen Pausen zu bemessen. Als Faustregel für die kindliche Leistungsfähigkeit gilt:

Kraxenalter: Ein- bis Dreijährige können bei warmer, trockener Witterung in einer hochwertigen Kraxe (Polsterung im Kopfbereich, gute Seitenstabilisierung, Sonnendach) zwei bis drei Stunden getragen werden, wenn sie immer mal wieder herausgenommen werden und sich selbst bewegen können. Während der Wanderung ist vor allem im Frühjahr und Herbst sowie in höheren Lagen darauf zu achten, dass es bei den Kindern aufgrund des Stillsitzens in der Kraxe schnell zu Unterkühlungen kommen kann. Bei Temperaturen unter 22 °C sollten die Kleinen daher unbedingt eine Jacke und lange Hosen tragen.

Kindergartenkinder: Vier- bis Fünfjährige sind in der Lage, in einfachem, ungefährlichem Gelände eine Wanderung von ein bis zwei Stunden zu gehen und dabei bereits bis zu 400 Höhenmeter im Auf- und Abstieg zu bewältigen. Diese Altersgruppe ist noch sehr neugierig auf ihre Umwelt und will diese mit allen Sinnen erleben. Ganz alltägliche Dinge wie Steine werden zu Diamanten, ein Stück Rinde, vom Borkenkäfer zerfressen, zu einer geheimnisvollen Schatzkarte. Leuchtende Kinderaugen danken es Ihnen, wenn Sie an den Erlebnissen Ihrer Sprösslinge teilhaben und sich die Zeit für viele kleine Spielpausen nehmen.

Grundschüler: Ansteigend mit dem Alter schaffen Kinder zwischen 6 und 9 Jahren bereits Wanderungen mit Gehzeiten von bis zu vier Stunden und bis zu 750 Höhenmetern. Leichte Gipfelziele mit stellenweise etwas steilerem Anstieg können bereits ausprobiert werden.

Kinder ab der 5. Klasse: Kinder im Alter von 10 bis 13 Jahren meistern schon richtig große Wanderungen mit einer Gehzeit von vier bis sechs Stunden und bis zu 1000 Höhenmetern. Sofern die Kinder schwindelfrei sind, keine Angst haben und es sich zutrauen, sind nun auch kurze Passagen mit Drahtseilsicherungen und kleine, leichte Klettersteige möglich.

In der Tourenüberschrift und unter dem Stichpunkt »Anforderungen«

sind Richtwerte angegeben, ab welchem Alter sich die einzelnen Touren für die Kinder eignen, wobei hierbei stets die Hauptroute gemeint ist. Teilziele sind aber durchaus auch für jüngere Kinder begehbar. Andersherum können einzelne Varianten auch einmal nur für ältere Kinder empfehlenswert sein. Hinweise über eine eventuelle Kinderwagentauglichkeit der Touren finden sich ebenfalls unter dem Punkt »Anforderungen«.

Motivation

Gerade für kleinere Kinder stellt auch die schönste Aussicht von einem Berggipfel keinen besonderen Anreiz dar, sich ein oder zwei Stunden im anstrengenden Bergaufgehen zu üben. Viel besser klappt die Motivation der Kinder, wenn unterwegs oder am Ziel eine besondere Attraktion auf den Nachwuchs wartet. Das können Tiere oder ein Spielplatz auf der Alpe, ein großes Trampolin, ein Wassererlebnispfad, eine Sommerrodelbahn oder ein natürlicher Bergsee sein. Das Wandergebiet um Oberstdorf ist gut ausgebaut, einige Wege sind daher breiter angelegt, als man sich das manchmal wünschen würde. Bei der Auswahl der Touren wurde allerdings großen Wert darauf gelegt – soweit wie möglich – zumindest in Teilabschnitten auf kleinere Wege und Pfade auszuweichen, da diese Wege für Kinder viel interessanter sind als mitunter eintönige Kieswege.

Bitte bedenken Sie, dass Drängen und Hetzen für den Nachwuchs wahre Motivationskiller sind. Manchmal kann es aber dennoch vonnöten sein, die Kinder zum Weitergehen zu animieren. In die Wanderung eingebaute Spiele, z. B. »Wer sieht als Erster eine gelbe Blume, eine Kuh oder das Gipfelkreuz?«, sowie das Setzen von Etappenzielen (»In etwa einer halben Stunde kommen wir an einen Kletterfelsen«), vielleicht sogar in Verbindung mit kleineren Belohnungen (z. B. Gummibärchen), können in solchen Fällen sehr hilfreich sein. Die Kinder können sich über jedes erreichte Teilziel freuen, das lockert die Wander-Atmosphäre auf, sodass unbewusst größere Strecken zurückgelegt werden.

Um neue Kraft zu tanken, sind regelmäßige Pausen für Kinder besonders wichtig: Als Faustregel gilt, mindestens jede Stunde eine kurze Rast einzulegen. Spätestens am Ziel sollte dann unbedingt ausreichend Zeit zur Verfügung stehen, bevor der Rückweg wieder in Angriff genommen wird. Um ein wenig schneller voranzukommen, dürfen kleinere Kinder ruhig auch mal ein Stück getragen werden. Dies ist besonders wichtig, wenn ältere Geschwister mit von der Partie sind, um ihnen durch das langsamere Tempo der Kleinen nicht den Wanderspaß zu verderben. Aber auch in diesem Fall sind klare Abmachungen, wie etwa »Ich trage Dich bis zu dem Jägersteig da vorne«, wichtig, um den Nachwuchs nach dem kurzen Schulterritt wieder weiterlaufen zu lassen. Nach wie vor macht das seit Generationen bekannte »Engelein, Engelein flieg!« fitte Elternarme müde und müde Kinderbeine munter und steht auch bei größeren Kindern noch hoch im Kurs. Ein Stück an der Hand laufen und gemeinsames Singen verkürzen das Laufen auf breiten Wegen, vor allem wenn Kinderlieder angestimmt werden, bei denen man ein bisschen mitdenken muss, wie z. B. »Drei Chinesen mit dem Kontrabass«.

Der berühmte Herdentrieb macht sich bemerkbar, wenn die Kinder

Gefundene Schätze können gar nicht genug gewürdigt werden (Tour 20).

nicht nur im Familienverbund, sondern im Kreis ihrer Freunde wandern dürfen. Über die dann an den Tag gelegte Ausdauer kann man oft nur staunen, scheint doch die Kinderschar weder Müdigkeit noch Langeweile zu kennen. Auch die Aussicht auf eine Hüttenübernachtung sorgt für gute Stimmung und lässt so manche Steigung kleiner werden.

Hüttenübernachtung

Alle Touren in diesem Buch sind zwar als Tagesausflüge beschrieben, sehr gut integrieren lässt sich aber eine Hüttenübernachtung bei Tour 5 auf dem Rückweg vom Hohen Ifen, wenn man die Variante über die Schwarzwasserhütte wählt. Ebenfalls gut geeignet für eine Übernachtung ist das Edmund-Probst-Haus an der Station Höfatsblick der Nebelhornbahn, dann kann man am nächsten Morgen frühzeitig, ohne auf die Bergbahn angewiesen zu sein, über Koblat- und Laufbichelsee zum Großen Daumen (Variante Tour 18) aufbrechen.

Essen und Trinken

Frisches Obst und Gemüse haben nicht nur einen hohen Wasseranteil, sondern besitzen auch viele Vitamine, die Energie für einen schweißtreibenden Aufstieg liefern. Als Durstlöscher stehen Wasser, Tees und verdünnte Fruchtsäfte zur Verfügung. Hingegen sind Limonaden und unverdünnte Fruchtsäfte wegen des hohen Zuckergehalts nicht zu empfehlen. Später auf der Alpe aber haben sich die Kinder die gewünschte Limo redlich erlaufen. Es muss aber nicht immer die Brotzeit in der Wirtschaft sein, auch ein Picknick auf einer Bergwiese oder am Gipfel steht bei den Kindern hoch im Kurs. Bereitwillig werden die hierfür benötigten Utensilien von allen nach oben getragen: aufgeschnittene Semmeln, zum Belegen in Streifen geschnittene Paprika, Gurkenscheiben, Käse, Schinken, Salami, Kirschtomaten und als wichtigste Zutat: Zeit. Zeit zum Essen, aber auch Zeit zum Erzählen, Zuhören, Toben und Spielen.

Kleinwalsertal

1 Bärgunthütte, 1392 m

Von Baad über die Widdersteinalpe   ab 4 J.

Wasserspaß im Bärgunttal
Nahe Baad am Ende des Kleinwalsertales warten zwei wunderschöne Seitentäler darauf, mit den Kindern erkundet zu werden. Das eine ist das Gemsteltal, das wir als Tour 2 beschreiben, das andere das Bärgunttal, dem wir heute einen Besuch abstatten wollen. Obwohl der Weg kinderwagengeeignet ist, kommt hier auch bei größeren Kindern keine Langeweile auf. Immer wieder trifft man bei dieser Wanderung auf Wasser, immer neue kleine Bäche schießen zu unserer Rechten und Linken hinab, um sich ihren Weg in den Bärguntbach zu bahnen, der das Tal durchfließt. An mehreren Stellen der Tour bietet Mutter Natur großartige Spielmöglichkeiten am Bach – wir empfehlen, auf diese Wanderung unbedingt Wechselkleidung mitzunehmen. Zwei schöne Einkehrmöglichkeiten in der Widdersteinalpe (hier gibt es auch einen kleinen Wasserspielplatz) und der Bärgunthütte sorgen für das leibliche Wohl der kleinen und großen Wanderer.

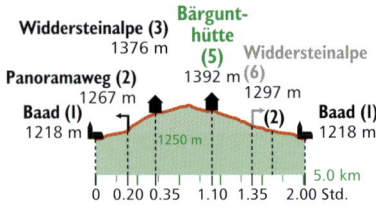

Widdersteinalpe unterhalb des Großen Widdersteins.

KURZINFO

Ausgangspunkt: Großer kostenpflichtiger Parkplatz in der Ortsmitte von Baad an der Endstation der Walserbus-Linie 1, 1218 m (Navi: A-6993 Mittelberg-Baad/Baad 12). Von Sonthofen auf der B 19 kommend am Kreisverkehr kurz vor Oberstdorf (unmittelbar nach dem McDonald's) rechts Richtung Kleinwalsertal abbiegen und auf der B 19 bzw. nach der Staatsgrenze auf der L 201 über Riezlern nach Mittelberg. Nicht in das Ortszentrum hineinfahren, sondern am Ortsanfang der L 201 nach links in die Bödmerstraße und dieser bis zur Ortsmitte von Baad folgen.
Mit Bahn und Bus: Mit dem Zug bis Oberstdorf und weiter mit dem Walserbus der Linie 1 (10-bis-20-Minuten-Takt) direkt bis zum Ausgangspunkt.
Gehzeit: 2 Std.
Distanz: 5 km.
Höhenunterschied: 210 m.
Ausrüstung: Gut profilierte Trekkingsandalen.
Anforderungen: Ab 4 Jahren. Die abwechslungsreiche, leichte Wanderung verläuft auf breiten Kieswegen und ist kinderwagentauglich.
Einkehr: Widdersteinalpe, 1376 m, geöffnet von Ende Mai bis zum 2. Wochenende (einschließlich) im Oktober, Mittwoch Ruhetag, Tel. +43 5517 3473, www.alpe-widderstein.at.
Bärgunthütte, 1392 m, ganzjährig geöffnet, Sommersaison von ca. Mitte Mai bis Anfang November, im Sommerhalbjahr kein Ruhetag (Winter: Donnerstag), Tel. +43 664 3110453, www.baergunthuette.de.

Liebevoll angelegter Wasserspielplatz an der Widdersteinalpe.

Am Verkehrskreisel in **Baad (1)** gehen wir zu dem großen Schilderbaum (gegenüber dem kleinen Brunnen auf der anderen Straßenseite). Hier weist uns ein Schild nach Südwesten zur Bärgunthütte. Wir folgen dem breiten Weg, der bald nach links dreht, über die hier gerade entstandene Breitach, gehen an einer Verzweigung geradeaus und kommen zu einer **Wegteilung (2)**. Beide Wege führen zu unserem Ziel, wir wählen den linken (»Bärgunthütte Panoramaweg«) über die Widdersteinalpen, auf dem anderen (»Talweg«) kommen wir auf dem Rückweg wieder hierher. Der Weg steigt nun kräftig an, wir wandern an der unbewirtschafteten **Äußeren Widdersteinalpe** vorbei und haben bald einen tollen Blick auf den Großen Widderstein, auf den wir direkt zulaufen. Immer wieder laden Rastbänke zu einer Verschnaufpause ein. Es dauert nicht lange, dann ent-

HIGHLIGHTS

★ Wasserreiche, landschaftlich sehr schöne Tour mit mehreren Spielmöglichkeiten an Bächen.
★ Wasserspielplatz mit Rutsche und Sandkasten an der Widdersteinalpe.
★ Viele Kühe und Kälber an der Widdersteinalpe und der Bärgunthütte.

Kleinwalsertal

decken wir die Fahne der **Widdersteinalpe (3)**, 1376 m, und stehen schon 5 Minuten später vor dieser gemütlichen Einkehrmöglichkeit.
Hier erwartet uns eine ungewöhnlich große Speisenauswahl und ein kleiner, aber schöner Spielplatz. Besonders der Wasserspielplatz begeistert die Kinder; das Wasserrad wird direkt vom Wasser des von oben kommenden Baches angetrieben.

Wir setzen unsere Wanderung auf dem weiter taleinwärts führenden Weg fort. (Anmerkung: Der von der Alpe abwärtsführende Pfad ist ein Verbindungsweg zum »Talweg«.) Wir kreuzen mehrere Bäche und erreichen kurz vor dem höchsten Punkt unserer Wanderung einen schönen Platz, an dem zwei kleine Bäche nebeneinander verlaufen. Hier kann man mit dem Nachwuchs eine Spielpause einlegen.
Kurz darauf geht es nun abwärts, wir wandern hinunter zum Bärguntbach (hier schöne Spielmöglichkeit für größere Kinder), überqueren ihn auf einer großen Holzbrücke und wandern, am **Abzweig des »Talwegs« (4)** vorbei, hinauf zur fast immer gut besuchten, sehr schön gelegenen **Bärgunthütte (5)**, 1392 m.
Für den Rückweg marschieren wir 5 Minuten auf dem Hinweg zurück, wenden uns an dem **Wegweiser (4)** nach links und spazieren auf dem gemütlichen **»Talweg«**, bald direkt

Brücke am Verbindungsweg zwischen Widdersteinalpe und »Talweg«.

Die Bärgunthütte lädt zu einer gemütlichen Rast ein.

neben dem Bärguntbach – wiederum vorbei an vielen von oben kommenden Bächen – bis zum **Abzweig zur Widdersteinalpe (6)**. Wer will kann über zwei Holzbrücken den hier zweigeteilten Bach überqueren und in 5 Minuten noch einmal zur Widdersteinalpe aufsteigen. Der Platz zwischen den zwei Brücken mit dem Zugang zum Wasser und den vielen großen Steinen ist großartig und eignet sich bestens für eine ausgiebige letzte Pause, bevor es in 25 Minuten wieder zum Ausgangspunkt am Verkehrskreisel in **Baad (1)** zurückgeht.

Hallo Kinder,

auf dieser Wanderung kommen wir an sehr vielen kleinen Bächen vorbei, die direkt vor uns den Berg herunterplätschern. Habt ihr euch schon einmal gefragt, woher all das Wasser kommt? Des Rätsels Lösung ist im Berginneren zu finden: Regenwasser sickert durch den Erdboden und weiter durch verschiedene Bodenschichten immer tiefer in den Berg hinein. So tief, bis die Regentropfen irgendwann auf undurchdringliches Gestein stoßen. Das Wasser läuft nun entlang dieser Gesteinsschicht, sammelt sich in Hohlräumen zu kleinen Seen und tritt an Stellen, an der die undurchdringliche Gesteinsschicht auf die Oberfläche trifft, wieder ans Tageslicht. Eine Quelle ist entstanden, der Beginn eines sprudelnden Baches oder eines Wasserfalls. Hat sich ein See im Berginneren gebildet und besteht nur ein kleiner Abfluss nach draußen, dauert es oft viele Tage oder gar Wochen, bis der See leer gelaufen ist. Aber bis dahin hat es bestimmt schon wieder geregnet, sodass solche Quellen nie versiegen.

Kleinwalsertal

2 Hintere Gemstelhütte, 1321 m

Von Mittelberg durchs Gemsteltal ab 6 J.

Alperlebnis mit Spielplatz

Im Gemsteltal erwartet uns eine abwechslungsreiche, ungefährliche Wanderung mit drei Einkehrmöglichkeiten in einer wunderschönen Alplandschaft, zu der wir auch die Kleinsten in einem geländegängigen Kinderwagen mitnehmen können. An der urigen Hinteren Gemstelhütte freuen sich die Kinder über den Spielplatz, zu dem auch eine Wasserrinne und zwei Schaukeln gehören. Der Rückweg führt uns dann auf der anderen Bachseite des Gemstelbaches vorbei an einer Pferdeweide wieder zurück. Mit bergerfahrenen, größeren Kindern kann man diese kleine Wanderung zu einer Tagestour ausbauen, indem man auf einem stellenweise drahtseilgesicherten Steig zur ebenfalls bewirtschafteten Oberen Gemstelalpe – vorbei an einem Wasserfall und einer Klamm – aufsteigt.

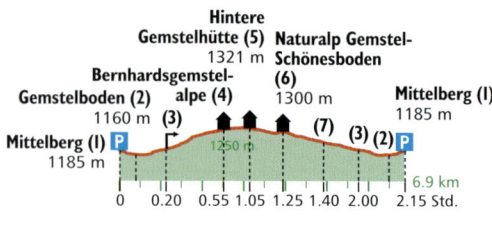

Am Rückweg von der Hinteren Gemstelhütte.

KURZINFO

Ausgangspunkt: Kostenpflichtiger Parkplatz am Ortsausgang von Mittelberg Richtung Baad, 1185 m (Navi: A-6993 Mittelberg/Bödmerstraße 91). Von Sonthofen auf der B 19 kommend am Kreisverkehr kurz vor Oberstdorf (unmittelbar nach dem Mc Donald's) die erste Abfahrt Richtung Kleinwalsertal nehmen und auf der B 19 bzw. nach der Staatsgrenze auf der L 201 über Riezlern nach Mittelberg. Nicht in das Ortszentrum hineinfahren, sondern am Ortsanfang der L 201 nach links in die Bödmerstraße Richtung Baad folgen und nach 1,5 km links zum Parkplatz neben der Straße.

Mit Bahn und Bus: Mit der Bahn bis Oberstdorf und weiter mit der Linie 1 des Walserbusses (verkehrt alle 10–20 Min.) bis Haltestelle Weiher.

Gehzeit: 2.15 Std.
Distanz: 6,9 km.
Höhenunterschied: 200 m (mit Abstecher zur Naturalp Schönesboden).
Ausrüstung: Gut profilierte Trekkingsandalen, für die Variante sind jedoch feste Bergschuhe erforderlich.
Anforderungen: Ab 6 Jahren. Der Weg verläuft auf gemütlichen, nicht allzu breiten Almfahrwegen, die auch mit dem Kinderwagen befahrbar sind. Lediglich auf dem Rückweg kommt nach der unbewirtschafteten Tonisgemstelalpe ein steileres Stück auf einem Kiesweg – hier ist mit kleinen Kindern oder dem Kinderwagen etwas Vorsicht geboten.
Einkehr: Bernhardsgemstelalpe, 1310 m, kein Ruhetag, Tel. +43 650 9245885. **Hintere Gemstelhütte**, 1321 m, kein Ruhetag, Tel. +43 664 2510289. **Naturalp Gemstel-Schönesboden**, 1300 m, kein Ruhetag, Tel. +43 650 9810028. Die genannten Hütten sind in der Regel von Mitte/Ende Mai (je nach Schneelage) bis Mitte Oktober geöffnet. An der Variante: **Obere Gemstelhütte**, 1692 m, geöffnet ca. Mitte Juni bis Mitte Oktober, Ruhetag bei Schlechtwetter, Tel. +43 664 1636206.
Variante: Erweiterung der Wanderung von der Hinteren Gemstelhütte zur Oberen Gemstelhütte (für Kinder ab 10 Jahren, schwarze Tour, Trittsicherheit und Schwindelfreiheit erforderlich – einige wenige ausgesetzte, mit Drahtseilen gesicherte Stellen). Mit bergerprobten Kindern kann man in einer guten Stunde bis zur herrlich gelegenen Oberen Gemstelhütte, 1692 m, aufsteigen. Wir folgen von der Hinteren Gemstelhütte der Beschilderung »Obere Gemstelalpe« bzw. »Gemstelpass« und erreichen auf einem steilen, steinigen Bergsteig – vorbei am Wasserfall des Gemstelbaches und einer tiefen Klamm – nach schweißtreibendem Aufstieg die bewirtschaftete Alpe mit schönem Blick auf Elferkopf, Liechelkopf, Geißhorn, Kleiner Widderstein und Bärenkopf. Im oberen Teil des Anstiegs ist Vorsicht geboten, hier fällt der sehr schmale, mit einem Drahtseil gesicherte Steig ca. 50 m tief ab! Rückweg zur Hinteren Gemstelhütte wie Hinweg.

Unterwegs wartet ein abgestorbener Bergahornstamm.

Die Naturalp Schönesboden liegt am Fuß des mächtigen Walser Geißhorns.

Hallo Kinder,

wisst ihr, warum das Gemsteltal Gemsteltal heißt? Ganz einfach, weil es hier früher viele Gemsen gab. Aber hier stimmt doch etwas nicht, werden einige von euch denken, Gämsen schreibt man doch mit »ä«! Da habt ihr völlig recht! Haben die Kleinwalsertaler da in der Schule nicht richtig aufgepasst, bevor sie dem Tal seinen Namen gegeben haben? Doch, haben sie! Denn früher hat man einige Wörter ganz anders gelernt. Und diese kletterbegabten Tiere aus der Familie der Ziegenartigen schrieb man mit »e«, bevor man das in der letzten Rechtschreibreform geändert hat.

Direkt am **Parkplatz Bödmerstraße (1)** weist uns ein kleines Schild zum Gemsteltal in einen kleinen Fußweg, der uns in wenigen Minuten abwärts zur hier noch schmalen Breitach führt. Wir wenden uns nach links (»Gemsteltal«), wandern 300 m am Fluss entlang, schwenken am nächsten Wegweiser rechts und spazieren auf einer breiten Holzbrücke über die Breitach. Wir befinden uns nun am **Gemstelboden (2)**, 1160 m, der Wegweiser am Schilderbaum oberhalb einer Wanderkarte weist uns hier nach links am Bach entlang. Nach 200 m dreht der Weg nach rechts. An einer Abzweigung gehen wir geradeaus weiter und erreichen bald eine **Weggabelung (3)** im lichten Wald. Hier wählen wir den rechten Weg in Richtung Bernhardsgemstelalpe und Hintere Gemstelhütte, auf dem linken kommen wir später zurück.

Der nicht allzu breite Kiesweg steigt nun fortwährend an, im Sommer sind wir froh, dass wir größtenteils im Schatten oder Halbschatten laufen können. 20 Minuten nach der Weggabelung passieren wir ein Naturdenkmal – einen abgestorbenen Ahornbaum, von dem nur noch ein Teil des ausgehöhlten Stammes stehen geblieben ist. Kurz darauf kommen wir wieder in die Sonne und können schön zur Naturalp Gemstel-Schönesboden hinüberblicken, die auf der anderen Seite des Gemstelbaches liegt.

Das Tal weitet sich nun und wir erreichen schnell die bewirtschaftete **Bernhardsgemstelalpe (4)**, 1310 m. Wir gehen am Abzweig des Gemsteltalrundweges vorbei und erreichen 10 Minuten später bereits die

Wasserfallguckerin an der Hinteren Gemstelhütte.

Hintere Gemstelhütte (5), 1321 m, von der man die von der Oberen Gemstelalpe herabstürzenden Wasserfälle im Blick hat und schön auf das Walser Geißhorn und den Kleinen Widderstein blickt. Auf der Alp kann man sich mit einfachen Gerichten stärken, bevor die Kinder am Spielplatz auf ihre Kosten kommen. Nach der Einkehr wandern wir auf dem Hinweg wieder ein paar Minu-

Die Kinder freuen sich über die Pferde auf der Weide.

ten hinunter, schwenken am Abzweig des Rundweges nach rechts, überqueren auf einer kleinen Brücke den Gemstelbach und kommen am Abzweig zur ebenfalls bewirtschafteten Naturalp Schönesboden (6), 1300 m (Abstecher möglich, Gehzeit 5 Min.) vorbei. Erst leicht abwärtsgehend, vorbei an der nicht bewirtschafteten Tonisgemstelalpe (7), später in Bachnähe bei stärkerem Gefälle erreichen wir schnell eine Pferdeweide, auf der es im Frühjahr oft Nachwuchs zu bestaunen gibt. Wir überqueren erneut den Gemstelbach und kommen zur Wegverzweigung (3), an der wir beim Anstieg den rechten Weg gewählt haben. Auf nun schon bekanntem Weg erreichen wir in 15 Minuten wieder den Parkplatz Bödmerstraße (1).

HIGHLIGHTS

★ Herrliche Alplandschaft mit hoch aufragenden Bergen und vielen Kühen auf den Weiden.
★ Drei urige Alpen zur Einkehr (alle bieten Brotzeiten, auf der Bernhardsgemstelalpe gibt es auch Kaiserschmarrn und auf der Hinteren Gemstelhütte auch Germknödel).
★ Spielplatz mit Wassertrog und -rinne, Sandkasten und Schaukeln an der Hinteren Gemstelhütte.
★ Bei Niedrigwasser Spielmöglichkeit am Gemstelbach.
★ Pferdeweide am Ende der Tour.

Schneereste im Spätfrühling.

Kleinwalsertal

Walmendinger Horn, 1990 m

3

Über die Obere Lüchle Alp und Baad ab 6 J.

Blumenlehrpfad und kurzweiliger Abstieg

Das Walmendinger Horn steht frei über Mittelberg und ist daher ein hervorragender Aussichtsberg mit Blick in alle Himmelsrichtungen. An der Bergstation warten ein Blumenlehrpfad mit über 130 Pflanzenfamilien, der zum Gipfel führt, ein Brunnen sowie kostenlose Liegestühle auf die Besucher. Da der direkte Abstieg nach Mittelberg über die Stutzalpe auf überwiegend breiten Kieswegen erfolgt, entscheiden wir uns beim Abstieg für den schönen Weg über die bewirtschaftete Obere Lüchle Alp (mit Spielplatz) hinunter nach Baad. Von dort kann man mit dem Walserbus 1 (10-bis-20-Minuten-Takt) zurück zur Talstation fahren oder über den Höhenweg Baad – Mittelberg in einer guten Stunde mit Einkehrmöglichkeit zurückwandern.

Gleitschirmfliegerstart am Walmendinger Horn.

KURZINFO

Ausgangspunkt: Kostenpflichtiger Parkplatz an der Walmendingerhornbahn in Mittelberg, 1200 m (Navi: A-6993 Mittelberg/Moosstraße 4). Von Sonthofen auf der B 19 kommend am Kreisverkehr kurz vor Oberstdorf (unmittelbar nach dem Mc Donald's) die erste Abfahrt Richtung Kleinwalsertal nehmen und auf der B 19 bzw. nach der Staatsgrenze auf der L 201 über Riezlern nach Mittelberg. Dort der Beschilderung zur Bergbahn folgen.
Mit Bahn und Bus: Mit dem Zug bis Oberstdorf und weiter mit dem Walserbus 1 (10-bis-20-Minuten-Takt) bis Mittelberg und in wenigen Minuten der Walserstraße folgend zur Talstation der Walmendingerhornbahn.
Gehzeit: 3.30 Std. zur Talstation, 2.20 Std. nach Baad.
Distanz: 7,8 km bzw. 4,8 km.
Höhenunterschied: 870 m im Abstieg, 130 m im Aufstieg.
Ausrüstung: Bergschuhe.
Anforderungen: Ab 6 Jahren. Die Wanderung verläuft auf Kieswegen, Bergsteigen und Pfaden fast ohne Absturzgefahr.
Bergbahn: Walmendingerhornbahn (Großkabine), geöffnet von Mitte Mai bis einschließlich erstes Novemberwochenende, Betriebszeiten: 8.30–16.45 Uhr, im Herbst bei Schnee in den Hochlagen 9–16.15 Uhr, Tel. +43 5517 52744421, www.ok-bergbahnen.com.
Einkehr: Gipfelstuba, 1946 m, geöffnet wie Bergbahn, Tel. +43 5517 527447. **Obere Lüchle Alp**, 1753 m, ganzjährig geöffnet, kein Ruhetag, Tel. +43 5517 3212. **Gasthof Café Alpenwald**, 1301 m, ganzjährig geöffnet, kein Ruhetag, Übernachtungsmöglichkeit, Tel. +43 5517 6353, www.alpenwald.de.

Blick von der Bergstation auf den Panoramaaufzug.

Von der **Talstation der Walmendingerhornbahn (1)** fahren wir gemütlich hinauf zur **Bergstation (2)**, halten uns dort rechts und steigen in 15 Minuten über den Blumenpfad mit seinen Namenstafeln zum Gipfel des **Walmendinger Horns (3)**, 1990 m, auf. Mit etwas Glück können wir auf halbem Weg Gleitschirmflieger bei ihrem Start beobachten. Vom Gipfel ist die Aussicht phänomenal, wir blicken auf den markanten Hohen Ifen und das danebenliegende Gottesackerplateau, den bereits im Bregenzerwald befindlichen Diedamskopf mit seiner Bergbahn, ins Schwarzwassertal mit der Schwarzwasserhütte und der Alpe Melköde (siehe Tour 6) und mitten hinein in die Allgäuer Alpen mit dem mächtigen Widderstein, der hoch über dem Bärgunttal thront.

Zurück an der **Bergstation (2)** können wir uns an der Gipfelbestimmungstafel über die einzelnen Namen der Berge informieren und eine kleine Pause in den kostenlosen Liegestühlen oder am Brunnen einlegen, bevor wir mit dem Abstieg nach Baad beginnen. Selbstverständlich lassen wir es uns nicht nehmen, mit dem Panoramaaufzug, der eigentlich nur im Winter als Verbindung zwischen einem Sessellift und der Bergstation seinen Zweck erfüllt, die ersten 20 Höhenmeter unseres Abstiegs zu absolvieren. Nach dem Ausstieg wenden wir uns links, treffen auf die »Aufzugsverweigerer« und wandern nach rechts einen breiten, steinigen Weg hinun-

HIGHLIGHTS

- ★ Blumenlehrpfad zum Walmendinger Horn und fantastische Rundumsicht vom Gipfel.
- ★ Mit etwas Glück Zuschauen beim Start der Gleitschirmflieger (Startplatz auf dem Weg zum Gipfel).
- ★ Viele Kühe auf der Weide.
- ★ Einkehr in der urigen Oberen Lüchle Alp mit ihrem Spielplatz (Schaukeln, Wippe, Rutsche, Sandkasten) oder im Gasthof »Café Alpenwald« (hier u. a. leckerer Apfelstrudel mit Vanilleeis).

Kleinwalsertal

Hallo Kinder,

von der Gipfelstation der Bergbahn hinauf zum Walmendinger Horn führt ein natürlicher Alpenblumenlehrpfad mit über 130 verschiedenen Blütenpflanzen. Die Blüten dieser Pflanzen erscheinen größer und leuchtender als die der Blumen, die bei uns zu Hause wachsen. Kann das wirklich sein? In den Bergen haben die Pflanzen viel weniger Zeit zu wachsen, zu blühen, Früchte zu bilden und ihre Samen zu verbreiten als im Flachland, weil sie länger unter einer dicken Schneedecke liegen. Dafür ist die Sonneneinstrahlung stärker als im Tal – wir sehen das daran, dass wir in der Höhe schneller einen Sonnenbrand bekommen. Das viele energiereiche UV-Licht der Sonnenstrahlen lässt die Pflanzen in den Bergen schneller wachsen und ihre Blüten farbenfroher werden. Aber die Blumen und Kräuter sehen nicht nur schöner aus, sie riechen auch stärker und enthalten mehr Vitamine. Deswegen schmecken Milch und Käse von Kühen, die auf Almen grasen, auch besonders würzig und aromatisch.

ter. 10 Minuten später stehen wir an einer Verzweigung, hier wählen wir den mittleren kleinen Bergsteig, der uns nicht allzu steil abwärtsführt. Bald wird der Weg wieder breiter und wir können nach rechts hinauf einen Abstecher zur bewirtschafteten **Obere Lüchle Alp (4)** 1753 m, mit ihrem Spielplatz machen.
Beim Weiterweg nach der Einkehr müssen wir nun etwas aufpassen, denn unser Weg zur Unteren Lüchle Alp zweigt unmittelbar unter der Oberen Lüchle Alp links von dem

Gemütlich geht es auf den Großen Widderstein zu.

Alpidylle an der Unteren Lüchle Alp.

Weg ab, auf dem wir vom Walmendinger Horn gekommen sind. Am besten wir gehen von der Oberen Lüchle Alp die paar Meter wieder auf dem Hinweg zurück, dann können wir den Abzweig nicht verfehlen. Auf einem angenehmen Wanderweg erreichen wir nach 20 Minuten eine Verzweigung, halten uns geradeaus und stehen 10 Minuten später vor der unbewirtschafteten **Unteren Lüchle Alp (5)**, 1567 m, wo wir uns eine Verschnaufpause gönnen können. Der Weg verläuft schön weiter, dann geht er in einen gekiesten Fahrweg über. In einer starken Linkskurve folgen wir nun nicht der Beschilderung nach Baad, sondern gehen geradeaus/halb rechts durch einen **Zaundurchlass (6)** in den Wald. Ein schöner kleiner Pfad führt uns eine Viertelstunde schattig abwärts, bevor wir auf einen Kiesweg stoßen. Hier biegen wir links ein und gleich drauf wieder rechts in einen weiteren Kiesweg, wo wir auf die

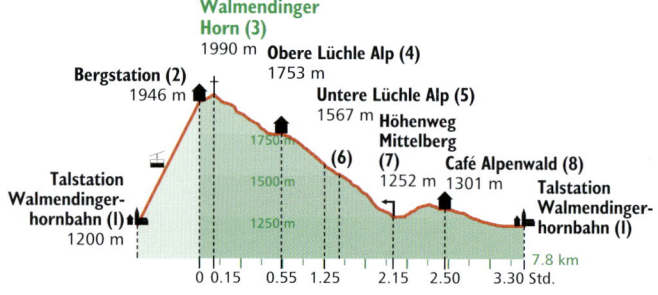

Kleinwalsertal

Wanderer treffen, die eben dem Wegweiser nach Baad gefolgt sind. An der kurz darauf folgenden Bank weist uns ein Pfeil links in einen kleinen Pfad und wir erreichen erst durch Wald, dann über eine Weide einen breiteren Weg, den wir nach links einschlagen. Nun sind es nur noch 10 Minuten geradeaus abwärts bis zur Bushaltestelle in Baad. Dort gibt es auch Einkehrmöglichkeiten, Eisverkauf und einen kleinen Brunnen, in dem wir unsere Füße erfrischen können.

Sind bei den Kleinen noch Kraftreserven vorhanden, können wir aber auch vorher schon auf halber Wegstrecke nach Baad nach links auf den **Höhenweg nach Mittelberg (7)** abzweigen. Über diesen gut ausgeschilderten, bald breiter werdenden Weg erreichen wir in einer guten Stunde im Auf und Ab mit einer Einkehrmöglichkeit im **Gasthof Café Alpenwald (8)** und einem schönen Blick ins Gemsteltal wieder die **Talstation der Walmendingerhornbahn (1)**.

Unterwegs auf dem Baader Höhenweg von Baad nach Mittelberg.

Kleinwalsertal

4 Bühlalpe und Max' Hütte

Von Mittelberg   ab 4 J.

Alprunde unterm Walmendinger Horn
In Mittelberg unterhalb des Walmendinger Horns bietet sich insbesondere mit kleineren Kindern eine ungefährliche, schöne Runde über die beiden Einkehrmöglichkeiten Bühlalpe und Max' Hütte an. Aber auch für den Anreise- oder Abreisetag oder wenn man einmal nur etwas Kleines unternehmen möchte, ist diese Tour ideal. Die Bühlalpe ist ein herrlich gelegener, großer Alpengasthof mit einem schattigen Kinderspielplatz direkt am oberen Panoramaweg Hirschegg – Baad. An der wunderschön, mitten auf einer Bergweide liegenden, im Sommer blumengeschmückten Max' Hütte können wir uns hingegen über echte Alpidylle freuen, die Seele baumeln lassen und uns mit kleineren Gerichten oder dem leckeren Kuchen stärken. Ein kleiner Spielplatz (Rutsche, Sandkiste) ist auch hier vorhanden, und wer über etwas Humor verfügt, auf den wartet dort noch eine Schlossbesichtigung nebst Schlossgespenst.

Gefahrloses Wandern auf dem Weg zur Bühlalpe.

KURZINFO

Ausgangspunkt: Kostenpflichtiger Parkplatz am Stützeweg in Mittelberg, 1203 m (Navi: A-6993 Mittelberg/Moosstraße 17). Von Sonthofen auf der B 19 kommend am Kreisverkehr kurz vor Oberstdorf (unmittelbar nach dem Mc Donald's) die erste Abfahrt Richtung Kleinwalsertal nehmen und über Riezlern nach Mittelberg. Dort der Beschilderung zur Walmendingerhornbahn folgen, an deren Parkplatz vorbeifahren und nach 100 m auf dem Parkplatz am Stützeweg parken.

Mit Bahn und Bus: Mit dem Zug bis Oberstdorf und weiter mit dem Walserbus 1 im 10-bis-20-Minuten-Takt bis Mittelberg und in wenigen Minuten der Walserstraße folgend an der Talstation vorbei zum Ausgangspunkt.

Gehzeit: 1.30 Std.
Distanz: 3,4 km.
Höhenunterschied: 229 m.
Ausrüstung: Trekkingsandalen.
Anforderungen: Ab 4 Jahren. Die Wanderung verläuft auf einem kleinen Teerpfad und einem Kiesweg sowie im Mittelteil über barfußgeeignete weiche Almwiesen.

Bergbahn (Variante): Zaferna-Doppelsessellift (Navi Talstation: 6993 Mittelberg/Walserstraße 76 a), Sommerbetrieb von Ende Mai bis Mitte Oktober, Tel. +43 5517 323832, www.sonna-alp.at.

Einkehr: Bühlalpe, 1422 m, Sommer- und Winterbetrieb, Mittwoch Ruhetag, Übernachtungsmöglichkeit Do–So, Tel. +43 5517 5579, www.buehlalpe.de. **Max' Hütte**, 1365 m, Sommerbetrieb von Anfang Juli bis Anfang Oktober, Montag und Dienstag Ruhetag, Tel. +43 676 5297499, www.fewo-kessler.de/max-hütte. An der Variante: **Sonna-Alp**, 1430 m, Dienstag Ruhetag, Tel. und Homepage siehe Bergbahn.

Variante: Wer sich den Aufstieg sparen möchte, fährt mit dem Zaferna-Doppelsessellift von Mittelberg hinauf zur bewirtschafteten Sonna-Alp und biegt dort nach links in den Naturlehrpfad mit vereinzelten Diasäulen zur hiesigen Flora und Fauna ein. An einem schönen Aussichtspunkt warten Bänke und eine große Holzliege auf die Wanderer. Wir gehen unter den Seilen der Walmendingerhornbahn hindurch und kommen zu einem Abzweig. Hier entweder links hinunter zu Max' Hütte und weiter wie bei der Haupttour beschrieben zurück nach Mittelberg. Oder geradeaus weiter zur Bühlalpe und von dort auf dem in der Hauptroute beschriebenen Weg in umgekehrter Richtung zurück nach Mittelberg. Gemeinsam mit den Wanderern, die von Max' Hütte kommen, an der Talstation der Walmendingerhornbahn vorbei (rechts neben der Bahn wartet noch der öffentliche Spielplatz am Kindergarten) durch den Ort zurück zur Talstation des Zafernalifts (blaue Tour, 1.15 Std. Gehzeit).

Der leckere Kuchen auf Max' Hütte schmeckt schon den Kleinsten.

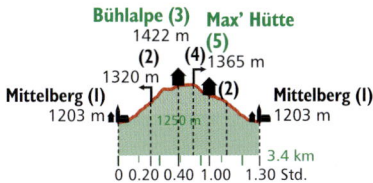

Relaxen an Max' Hütte.

HIGHLIGHTS

★ Einkehrmöglichkeit in einem Gasthaus und einer echten Alpe; im Gastgarten der Bühlalpe (Gasthaus) Spielplatz mit Sandkiste, Schaukeln und Kleinkinderrutsche sowie zwei Esel; an Max' Hütte Sandkasten und Rutsche.
★ Barfußtauglicher Erd-/Wiesenweg und Kühe bei der Max' Hütte.
★ Alternativ: Auffahrt mit dem Zaferna-Sessellift (hier Einkehrmöglichkeit im Gasthaus Sonna-Alp mit gegenüberliegendem kleinen Spielplatz) und Wanderung zur Bühl-Alpe oder Max' Hütte (siehe Variante).

Wir gehen an das Parkplatzende (1) Richtung Ortsmitte, wenden uns hinter einer Hütte links (Beschilderung »Bühlalpe, Max' Hütte«) in den Weg »Hofstatt« und folgen dem bald schmäler werdenden, geteerten Weg bergan durch die schönen Wiesen. Nach 20 Minuten erreichen wir am Waldrand eine Verzweigung (2) und halten uns links zur Bühlalpe – von rechts kommen wir auf unserem Rückweg. Zwar ist der kleine Weg weiterhin geteert, dies fällt aber nicht weiter ins Gewicht, da er sich sehr schön durch den Wald schlängelt. Wer lieber auf natürlichem Boden wandert, der kann zwei Mal nach rechts in einen alten, mit Fichtenzapfen übersäten Pfad ausweichen, der den kleinen Teerweg quert. Schon bald treten wir aus dem Wald, halten uns an einer

Hallo Kinder,

wisst ihr warum Barfußlaufen in der Natur nicht nur Spaß macht, sondern auch noch sehr gesund für eure Füße ist? Das Fußgewölbe, das ihr in der Mitte eurer Füße seht, hat die wichtige Aufgabe, als Stoßdämpfer zu wirken und so Knie, Hüfte und Rücken vor Schäden zu bewahren. Es besteht aber nicht aus einem gebogenen Knochen oder Knorpel, sondern wird von Bändern und Muskeln gebildet und aufrechterhalten. Wenn nun diese Muskeln durch das ständige Tragen von Schuhen nicht mehr richtig gefordert werden, verlieren die Muskeln ihre Kraft und das Fußgewölbe beginnt nach unten zu sinken. Es kann dann seine Aufgabe als Stoßdämpfer nicht mehr richtig erfüllen. Also macht es doch am besten so wie ich und lauft in der Natur auf weichen Böden so oft es geht barfuß. Das könnt ihr – wenn ihr wollt – bei der heutigen Wanderung auf dem Weg zu Max' Hütte auf dem herrlichen Wiesenweg gleich einmal ausprobieren.

Gemütliche Bänke und eine Liege auf dem Naturlehrpfad (Variante).

Verzweigung rechts und kommen an einer Rastbank vorbei, von der man freie Sicht auf die Berge hat. Wenige Minuten später stehen wir bereits vor dem Alpengasthof Bühlalpe (3), 1422 m, hier gibt es im Anschluss an den Gastgarten einen schattigen Spielplatz mit großem Sandkasten, Schaukeln und einer Mini-Rutsche.

Unmittelbar nach der Bühlalpe biegen wir nach rechts in einen breiten Kiesweg ein, dies ist der Naturlehrpfad mit einigen Diasäulen hinüber zum auch im Sommer geöffneten Zaferna-Sessellift (siehe Variante). Nach 5 Minuten erreichen wir aber bereits den Abzweig (4) zu Max' Hütte, wir gehen nach rechts durch den Zaundurchlass und können allen nur empfehlen, bei trockenem Boden die Schuhe auszuziehen und auf dem herrlichen Erd- und Wiesenpfad barfuß die Weide hinunterzuspazieren. Das macht nicht nur den Kindern großen Spaß! 10 Minuten später sind wir bereits an der herrlich im Alpgebiet gelegenen Max' Hütte (5), 1365 m, angelangt.

Nach der Einkehr geht es rechts weiter Richtung Mittelberg, der Weg bleibt barfußgeeignet, bis wir wieder an die Stelle kommen, an der wir auf dem Hinweg den Weg zur Bühlalpe gewählt haben. Über den Teerweg geht es nun in 15 Minuten wieder zum Parkplatz (1) zurück.

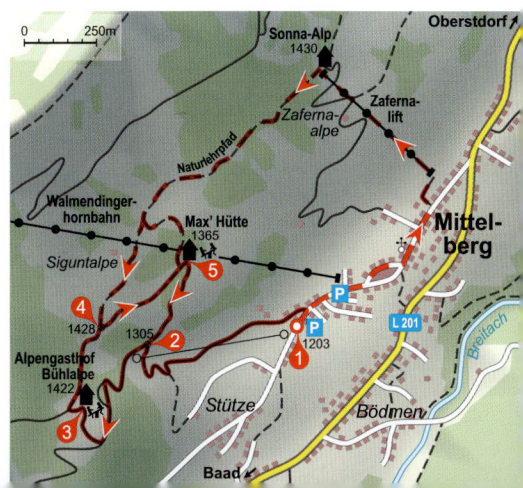

Kleinwalsertal

5 Hoher Ifen, 2229 m

Von der Ifenhütte   ab 10 J.

Traumtour für bergerprobte Familien

Der markanteste Gipfel im Kleinwalsertal ist sicherlich der Hohe Ifen. Dieser einzigartige Berg mit seiner schräg gestellten, aus Kalkbänken aufgebauten Felsplatte fasziniert uns schon bei der Anfahrt ins Kleinwalsertal mit seiner außergewöhnlichen Form und weckt unsere Lust, diesen Gipfel einmal zu erklimmen. Mit bergerfahrenen, trittsicheren und schwindelfreien Kindern ab 10 Jahren ist dies kein Problem, wenn man auf einen schönen Tag wartet und an der fast 1600 Meter hoch gelegenen Bergstation der Ifenbahn startet. So kann man die Gehzeit auf 4.20 Stunden verkürzen. Vorsicht geboten ist allerdings bei dem hier als Variante beschriebenen Abstieg über den Eugen-Köhler-Weg. Bei Nässe ist der mit Drahtseilen und einer Steiganlage gesicherte Steig sehr rutschig. Die reine Gehzeit von 6.30 Stunden bei dem Abstieg über die Variante ist für Kinder zudem schon sehr lang, Touren dieser Länge bringen auch viele nicht allzu geübte Erwachsene an ihre Grenzen. Mit gut trainierten Kindern ab 12 Jahren wird man aber für die Mühen auf dieser Variante mit einem wunderschönen Weg entschädigt. Außerdem besteht die Möglichkeit, in der Schwarzwasserhütte zu übernachten (siehe Hinweise unter Einkehr, vorherige Anmeldung erforderlich) und die letzten zwei Stunden Abstieg auf den nächsten Tag zu verschieben. Dies hat auch den Vorteil, dass man diese wunderschöne Wanderung dann tags drauf an der herrlich gelegenen Alpe Melköde (siehe Tour 6) ausklingen lassen kann.

Fantastisches Gebirgspanorama auf dem Ifenplateau.

KURZINFO

Talort: A-6991 Riezlern.
Ausgangspunkt: Großer gebührenpflichtiger Parkplatz an der Auenhütte, 1273 m (Navi: A-6992 Hirschegg / Auenalpe 1). Von Sonthofen auf der B 19 kommend nach Riezlern und weiter zur Auenhütte (siehe Tour 6).
Mit Bahn und Bus: Siehe Tour 6.
Gehzeit: 4.20 Std.
Distanz: 6,5 km.
Höhenunterschied: 650 m.
Ausrüstung: Gut profilierte Bergschuhe sind Pflicht!
Anforderungen: Ab 10 Jahren und nur für bergerfahrene Kinder (evtl. mit kurzem Seil sichern). Bis unterhalb der Ifenmauer leichte Wanderung. Danach Aufstieg durch einen Geröllhang, bei dem man besonders später beim Abstieg auf dem losen Gestein aufpassen muss (Rutschgefahr!). Im Anschluss drahtseilgesicherter Steig über einige Felsstufen, für den Trittsicherheit und etwas Schwindelfreiheit erforderlich sind. Auf dem Ifenplateau einfache Wege bis zum Gipfelkreuz. Vorsicht, der Hohe Ifen fällt auf dem Plateau stellenweise ein Stück neben dem Weg sowie am Gipfel senkrecht ab! Aufstieg mit Kindern nur bei völliger Schneefreiheit (in der Regel ab Anfang Juli; Infos bei der Ifenbahn einholen)!
Bergbahn: Ifenbahn, Betriebszeit im Sommer von Ende Juni bis Mitte Oktober 8.15–16.30 Uhr (im Herbst bei Schnee in den Hochlagen ab 9 Uhr), Tel. +49 8322 9600-0, +43 5517 5274-0, www.ok-bergbahnen.com.
Einkehr: Berggasthof Auenhütte, 1273 m, im Sommer geöffnet von Anfang Juni bis Mitte Oktober (nur bis ca. 17 Uhr), Montag Ruhetag, Tel. +43 5517 5265, www.auenhuette.at. **Bergrestaurant Ifenhütte**, 1586 m, Sommersaison Ende Juni bis ca. 20. Oktober, geöffnet nur bis 17 Uhr, kein Ruhetag, Tel. +43 5517 5274-5923, www.ifenhuette.at.
An der Variante: **Ifersguntalpe**, 1751 m, von Anfang / Mitte Juli bis Anfang / Mitte September geöffnet, kein Ruhetag, Tel. +43 664 1611408. **Schwarzwasserhütte**, 1651 m, im Sommer Anfang Juni bis Anfang / Mitte Oktober geöffnet, kein Ruhetag, 50 Lager, davon mehrere Zimmerlager, zusätzlich 18 Betten in 2er-Zimmern, Übernachtung unbedingt im Voraus buchen, Tel. +43 5517 30210, www.schwarzwasserhuette.com. **Alpe Melköde**, 1346 m, je nach Vegetationsfortschritt Ende Mai / Mitte Juni bis Anfang November geöffnet, kein Ruhetag, Tel. +43 5517 30226, www.alpe-melkoede.at.
Variante: Abstieg über Ifersguntalpe, Schwarzwasserhütte und Alpe Melköde (alle bewirtschaftet). Wegen der Länge und Schwierigkeit des Wegs (Gesamtgehzeit Rundweg 6.30 Std.) erst ab 12 Jahren geeignet, schwarze Tour. Trittsicherheit, Schwindelfreiheit und Bergerfahrung auf dem mit Drahtseilen und Eisen gesicherten Eugen-Köhler-Weg erforderlich. Kinder eventuell mit kurzem Seil sichern. Bei Nässe ist der Weg heikel, es besteht Rutschgefahr. Kurz unterhalb des Ifengipfels zweigt von oben kommend rechts der Eugen-Köhler-Weg Richtung Ifersguntalpe und Schwarzwasserhütte ab (7). Zuerst über einen kleinen Erdpfad, später über mit Drahtseilen gesicherte Steinstufen und eine längere Querung (eiserne Steighilfen und Drahtseile) hinunter zur Ifersguntalpe. 5 Min. unterhalb der Alpe links und 30 Min. später nochmals links zur Schwarzwasserhütte. Bald auf dem Erlebnispfad Schwarzwasser entlang des Schwarzwasserbaches durch eine sumpfige Hochebene und nach einem Wasserfall hinunter zur Alpe Melköde. Von dort im weiten Rechtsbogen um ein Sumpfgebiet. 30 Min. später zweigt links der Weg zur Auenhütte und zum Parkplatz ab.

Blauer Eisenhut am Hohen Ifen.

Kleinwalsertal

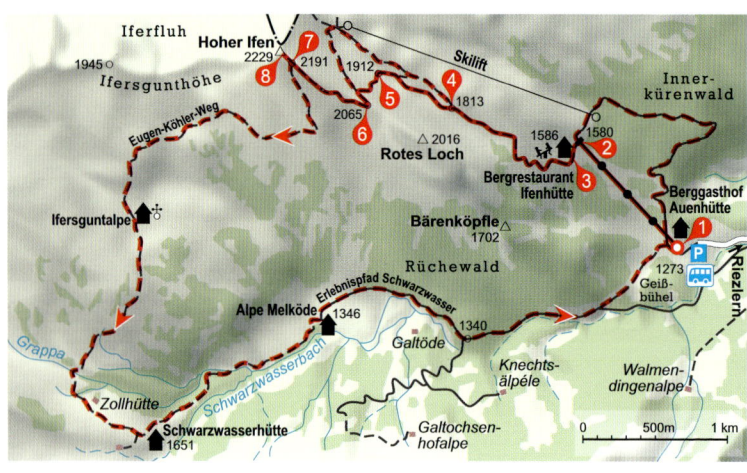

Von der Auenhütte (1) fahren wir mit der Bergbahn hinauf zur Bergstation (2), 1580 m, der Ifenbahn. Oben halten wir uns links, marschieren an der Ifenhütte (3), 1586 m, mit ihrem Spielplatz für Kleinkinder und dem Kneippbecken vorbei und wandern nun bergan (Beschilderung »Hoher Ifen«). In den auf dem Schild angegebenen 2 Stunden Gehzeit bis zum Gipfel werden wir mit Kindern den Aufstieg nicht ganz

HIGHLIGHTS

★ Spannender, sehr abwechslungsreicher Weg mit einigen drahtseilgesicherten Passagen für bergerfahrene kleine Abenteurer.

★ Nach einem steinigen Aufstieg einzigartiges, sanftes Wiesenplateau mit überwältigendem Bergpanorama und faszinierendem Blick hinunter auf das riesige Gottesackerplateau.

★ Auf dem Ifenplateau: im Sommer in verschiedenen Blautönen blühende Eisenhutpflanzen.

★ Jungvieh auf den Weiden.

★ Kneippbecken an der Ifenhütte.

schaffen, zumal der Weg äußerst schweißtreibend ausschließlich in der Sonne liegt. Ganz klar im Vorteil ist hier, wer an warmen Tagen früh unterwegs ist. Bis zum Beginn der Ifenmulde, 1720 m, geht es erst einmal steil bergan, dann führt der Weg entlang der Ifenmauer gemächlich auf einem schönen Bergsteig aufwärts. Wenn wir uns nun umdrehen, erwartet uns bereits jetzt bei gutem Wetter ein atemberaubendes Bergpanorama. An einer Verzweigung (4) halten wir uns links (»Hoher Ifen«) und folgen fortan der weiß-blau-weißen Markierung.

Nach 1.15 Stunden Gehzeit erreichen wir einen Schilderbaum (5), 1912 m. Hier wenden wir uns links und steigen nun durch ein Geröllfeld aus losen Steinen, die durch Tausende von Wanderstiefeln vor uns zu einem erkennbaren Steig verdichtet wurden, erst gemächlich, dann steiler ansteigend hinauf, bis wir auf den Weg treffen, 1997 m, der von der Bergadlerhütte (nur im Winter bewirtschaftet) herüberführt.

Gleichgewicht halten auf dem Pfad unterhalb der Ifenmauer.

Drahtseilgesicherte leichte Kraxelei hinauf zum Ifenplateau.

An dieser Stelle, unmittelbar unter der Ifenmauer, können wir eine kurze Rast einlegen, um uns für den drahtseilgesicherten Aufstieg auf das Ifenplateau noch einmal zu stärken. Dann gilt es, in leichter Kraxelei einige Felsstufen zu überwinden. Oben herrscht nur noch Staunen! Nach einem letzten Drahtseilakt betreten wir die breite, grüne **Hochfläche des Ifenplateaus (6)**, 2065 m, und müssen erst einmal innehalten.

So fantastisch ist der Fernblick auf die unzähligen Gipfel, so überraschend das sanft ansteigende Plateau mit den vielen majestätisch blühenden Eisenhut-Pflanzen (Achtung, alle Pflanzenteile sind sehr giftig!), so außergewöhnlich der Blick hinunter auf das riesige, bizarre Gottesackerplateau. Ein Bild für Götter! Nun bitte aufpassen, dass man z. B. beim Fotografieren nicht zu nah an den Rand des Plateaus (Steilabfall!) kommt, der weitere Weg die schräge Hochfläche hinauf ist aber überhaupt kein Problem mehr. Kurz unterhalb des Gipfels zweigt links **(7)** der ebenfalls spannende Eugen-Köhler-Weg ab (siehe Variante). Zum **Hohen Ifen (8)**, 2229 m, gehen wir hier geradeaus weiter und stehen 5 Minuten später am hölzernen Gipfelkreuz. Achtung, auch hier fällt das Massiv nicht weit vom Kreuz steil ab! Um die Mittagszeit können sich bei schönem Wetter schon mal

Hallo Kinder,

habt ihr schon mal ein Schiff gesehen, das nicht im Wasser, sondern zwischen den Bergen unterwegs ist? Nein, dann müsst ihr euch den Hohen Ifen einmal von einem der vorgelagerten Berge aus ansehen. Von da sieht es fast so aus, als wäre der Hohe Ifen der Rumpf eines riesigen Schiffes, das die aufgebrachte See der Allgäuer Alpen durchpflügt. Die schräg gestellte, mächtige Felsplatte dieses Massivs scheint sich dabei durch das steinerne Meer des Gottesackerplateaus (eine unter Naturschutz stehende Steinlandschaft aus Schrattenkalk mit messerscharfen Furchen, tiefen Spalten und großen Höhlen) zu kämpfen. Steht ihr nach dem anstrengenden Aufstieg am Gipfelkreuz des Hohen Ifen, könnt ihr euch mit etwas Fantasie tatsächlich wie ein Kapitän auf einem Schiff fühlen, der Berg fällt dort senkrecht ab – wie der Schiffsbug eines riesigen Tankers. Bitte passt hier besonders gut auf, dass ihr nicht einen Schritt zu weit geht, ihr würdet mehrere Hundert Meter in die Tiefe stürzen!

Der Schiffsbug: Der Hohe Ifen fällt am Gipfelkreuz senkrecht ab.

einige Dutzend Wanderer hier am »Schiffsbug« tummeln. Wem das zu viel Trubel ist, der findet auf dem riesigen Plateau bestimmt auch ein ruhigeres Plätzchen. Die Aussicht ist phänomenal. Bei klaren Sichtverhältnissen erkennt man im Südwesten den Bodensee, weiter südlich bauen sich am Horizont die eisbedeckten Schweizer Hochalpen auf, während im nahen Süden der mächtige Große Widderstein den anderen Gipfeln die Schau stiehlt.

Nach einer Rast wandern wir rechtzeitig wieder auf dem Anstiegsweg talwärts, um die letzte Bergbahn um 16.30 Uhr noch zu erreichen. Vorsicht bitte im Geröllfeld, hier besteht im Abstieg erhebliche Rutschgefahr! Alternativ kann man unmittelbar unterhalb der Ifenmauer einen Umweg (45 Min. Gehzeit zusätzlich) in Kauf nehmen und (um das steile Geröllfeld zu umgehen) geradeaus Richtung Bergadler Hütte weiterwandern. Unterhalb des Hahnenköpfle schwenkt man dann rechts und stößt oberhalb der Ifenmulde auf die Wanderer, die sich das Geröllfeld hinuntergewagt haben.

Verpasst man die letzte Bergbahn, besteht auch die Möglichkeit, von der **Ifenhütte (3)** zu Fuß in 45 Minuten auf einem breiten Fahrweg (von oben kommend an der Bergstation links halten) wieder zur **Auenhütte (1)** und zum Parkplatz zu gelangen.

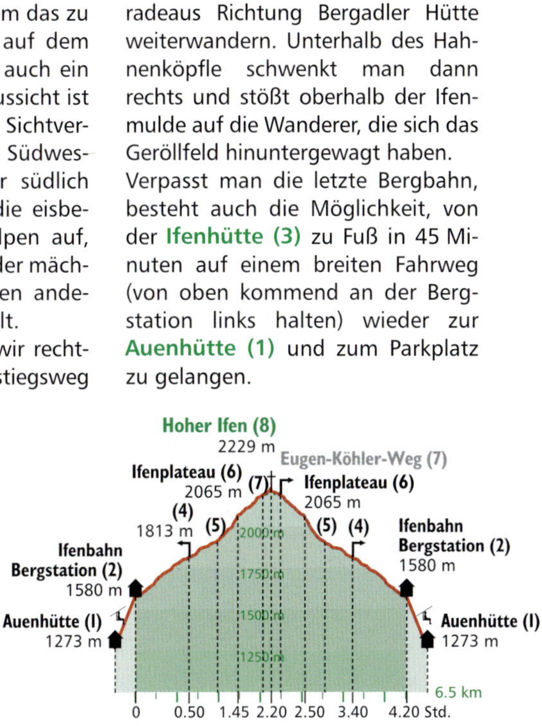

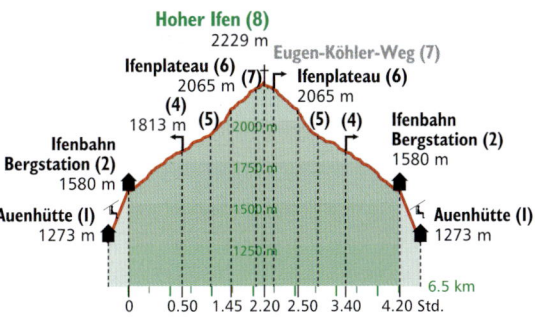

Kleinwalsertal

6 Alpe Melköde, 1346 m

Von der Auenhütte **ab 4 J.**

Natürlicher Wasserspaß am Schwarzwasserbach
Eine kurze, ungefährliche, aber trotzdem sehr schöne Wanderung ohne große Steigungen erwartet uns im Schwarzwassertal, dem größten Seitental des Kleinwalsertales. Dort befindet sich am Ende einer wunderschönen Ebene direkt unterhalb des mächtigen Ifenmassivs die seit Jahrhunderten bestoßene Alpe Melköde. Hier kann man gemütlich einkehren und die auf der Alpe selbst hergestellten Produkte, wie Bergkäse, Joghurt, Quark und Butter, verköstigen oder mit nach Hause nehmen. Die Kinder sind besonders begeistert von dem Schwarzwasserbach, der unmittelbar oberhalb der Alpe über mächtige Felsbrocken hinunterstürzt. Zu Zeiten der Schneeschmelze und nach starken Regenfällen ist hier ein Wasserfall zu bestaunen, bei Normalwasser hingegen können die größeren Kindern zwischen den riesigen Steinen und dem Bach herumklettern, während die kleineren unter Aufsicht weiter unten am Wasser spielen. Wer möchte, kann die Tour bis zur ebenfalls sehr schön gelegenen Schwarzwasserhütte verlängern und auch dort gemütlich einkehren (siehe Variante).

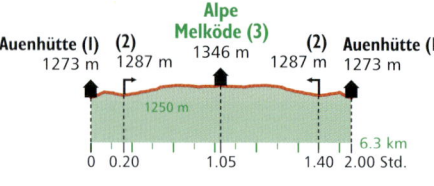

Am Ende der Wiesenebene wartet die Alpe Melköde.

KURZINFO

Ausgangspunkt: Großer gebührenpflichtiger Parkplatz an der Auenhütte, 1273 m (Navi: A-6992 Hirschegg/Auenalpe 1). Von Sonthofen auf der B19 kommend am Kreisverkehr kurz vor Oberstdorf (unmittelbar nach dem Mc Donald's) die erste Abfahrt Richtung Kleinwalsertal nehmen und auf der B19 bzw. nach der Staatsgrenze auf der L201 nach Riezlern hineinfahren. Unmittelbar nach der Breitachbrücke (am südlichen Ortsrand) rechts in die Schwarzwassertalstraße und der Beschilderung zur »Ifenbahn« folgen.

Mit Bahn und Bus: Mit dem Zug nach Oberstdorf und von dort bei guter Verkehrsanbindung mit der Walserlinie 1 bis »Riezlern Post«. Dort umsteigen in die Walserlinie 5 bis Haltestelle Ifen (Endstation).

Gehzeit: 2 Std.
Distanz: 6,3 km.
Höhenunterschied: 130 m.
Ausrüstung: Trekkingsandalen.
Anforderungen: Ab 4 Jahren. Die Wanderung verläuft auf breiten, gekiesten Wegen ohne Absturzgefahr und ist auch mit dem Kinderwagen befahrbar.

Einkehr: Berggasthof Auenhütte, 1273 m, im Sommer geöffnet von Anfang Juni bis Mitte Oktober (nur bis ca. 17 Uhr), Montag Ruhetag, Tel. +43 5517 5265, www.auenhuette.at. **Alpe Melköde**, 1346 m, je nach Vegetationsfortschritt Ende Mai/Mitte Juni bis Anfang November geöffnet, kein Ruhetag, Tel. +43 5517 30226, www.alpe-melkoede.at. An der Variante: **Schwarzwasserhütte**, 1651 m, im Sommer Anfang Juni bis Anfang/Mitte Oktober geöffnet, kein Ruhetag, 50 Lager und 18 Betten, Tel. +43 5517 30210, www.schwarzwasserhuette.com.

Variante: Aufstieg von der Alpe Melköde zur Schwarzwasserhütte (ab 8 Jahren, wegen der Länge des Weges, rote Tour, Gehzeit hin und zurück von der Alpe Melköde 2 Std., Gesamtgehzeit von der Auenhütte 4 Std.). Nach dem ersten Gebäude der Alpe Melköde zweigt rechts ein steil aufwärtsführender, breiter Weg ab. Bald verläuft der Weg als guter Bergweg entlang des Schwarzwasserbaches durch eine moorige Hochebene und schließlich steiler bergauf zur herrlich gelegenen, bewirtschafteten Schwarzwasserhütte. Rückweg wie Hinweg.

Kleinwalsertal

Hallo Kinder,

auf dem Weg zur Alpe Melköde hört ihr schon von Weitem das Rauschen des Schwarzwasserbaches, der sich direkt oberhalb der Alphütten über mächtige Felsen und viele kleine Wasserfälle seinen Weg nach unten bahnt. Wenn ihr schon etwas größer seid, könnt ihr hier im Sommer, wenn der Bach nicht so viel Wasser führt, eure Kletterkünste erproben und vielleicht einen Felsbrocken zum Brotzeitmachen aussuchen. Später fließt der Bach erst ganz ruhig durch das Schwarzwassertal, und dann passiert etwas Außergewöhnliches: Nur gut einen Kilometer weiter versickert der glasklare Bach im Blockwerk eines Bergsturzes, fließt unterirdisch weiter und tritt erst im Bereich der Schwarzwassertalstraße an mehreren Stellen wieder ans Tageslicht.

»Wasserspielplatz« am Schwarzwasserbach oberhalb der Alpe.

Über den Parkplatz und die Straße gehen wir hinauf zur stattlichen Auenhütte (1), 1273 m, zum Sessellift und links an dessen Einstieg vorbei. Kurz darauf schwenken wir rechts und stehen bereits an einem Schilderbaum, der uns nach links zur Alpe Melköde weist. Zur Almzeit müssen nun kurz hintereinander gleich drei Elektrozäune mittels Handgriff geöffnet werden. Nach einem weiteren Zaundurchlass geht es ein Stück hinab, wir stoßen auf den Weg (2), der von der Schwarzwasserstraße hinaufführt, biegen rechts ein und setzen unseren Spaziergang auf ebenem Weg fort. An der Einmündung treffen wir auch auf die erste der Diasäulen des Schwarzwassererlebnispfades, die uns mit ihren Bildern die heimische Tier- und Pflanzenwelt näherbringen und uns interessante Erläuterungen zur Tour geben.

Batziges Vergnügen im Frühjahr.

Der gemächlich ansteigende Kiesweg führt uns bald durch ein Felssturzgebiet, hier finden wir links und rechts des Weges riesige Felsbrocken, die vor langer Zeit von den Kalkwänden des Hohen Ifen heruntergestürzt und mittlerweile von der üppigen Vegetation größtenteils überwuchert sind. An einer unter einem Felsen aufgestellten Bank macht der Weg einen Rechtsknick, bald darauf können wir links zwischen den Bäumen die feuchte Ebene ausmachen, an deren Ende sich die Melköde befindet. Nun geht es noch ein Stück aufwärts, wir kommen aus dem Wald und haben einen freien Blick auf die Alpe Galtöde und die dahinterliegende Alpe Melköde. Rechts unseres Weges baut sich imposant die Ifenmauer auf, an der wir nun entlangspazieren (hier kann man am Wiesenhang Brotzeit machen), während wir bereits das Wasser des Schwarzwasserbaches rauschen hören. Auf der Alpe Melköde (3), 1346 m, gibt es neben den Köstlichkeiten aus der Sennerei auch Brotzeiten und Kuchen. Etwas oberhalb der Alphütten, kann man den älteren Kindern von einem Brotzeitplatz aus dabei zusehen, wie sie zwischen den riesigen Felsblöcken neben oder im Wasser umherkraxeln. Etwa auf Höhe des Brotzeitplatzes besteht ein ebenerdiger Zugang zum Bach, hier können auch Kleinkinder an der Hand der Eltern direkt ans Wasser. Etwa 150 m bachabwärts befindet sich ein weiterer Zugang zum Wasser an einer Furt.

Auf dem Hinweg geht es dann zurück zur Auenhüttte (1).

HIGHLIGHTS

★ Schwarzwassererlebnispfad mit einigen Infosäulen zum Schwarzwassertal und den dort lebenden Tieren und Pflanzen.
★ Kühe auf den Weiden.
★ Einkehr in der Alpe Melköde.
★ Besonders zur Schneeschmelze toller Wasserfall oberhalb der Alpe, bei Normalwasser im Sommer Kletterspaß zwischen den großen Steinblöcken im Bett des Schwarzwasserbaches und Zugang zum Wasser auch für die kleineren Kinder (unter Aufsicht der Eltern).

Kleinwalsertal

7 Burmi-Erlebnisweg

Von der Kanzelwandbahn-Talstation ab 4 J.

Ideenreiche Mitmachstationen an der Breitach

Hoch über Riezlern an der Kanzelwandbahn-Bergstation wartet das Burmiwasser (siehe Tour 8) auf die Familien, während unten etwas außerhalb von Riezlern der Burmi-Erlebnisweg die Kinderherzen höherschlagen lässt. Der Weg startet direkt an der Talstation der Kanzelwandbahn und führt uns nicht nur an der Breitach entlang, sondern auch mehrfach über den Fluss, an dem man schön rasten und Steinmännchen bauen kann. Auf einem Abschnitt von 500 Metern befinden sich dann etwa neun ideenreiche (Mitmach-)Stationen, die besonders die körperliche Geschicklichkeit und den Gleichgewichtssinn der Kinder fordern und fördern. Nach der kleinen Wanderung kann man noch dem schönen Freibad direkt am Ausgangspunkt oder dem 5 Minuten vom Ausgangspunkt entfernten, großen Spielplatz im Kurpark von Riezlern (siehe Highlight-Kasten und Freizeittipps D, S. 143, und I, S. 147) einen Besuch abstatten.

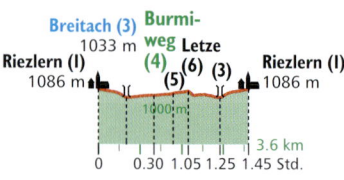

Wer trifft das Sägeblatt oder die Pfanne am anderen Ufer?

KURZINFO

Ausgangspunkt: Gebührenpflichtige Parkplätze an der Talstation der Kanzelwandbahn, 1086 m (Navi: A-6991 Riezlern/Walserstraße 77). Von Norden auf der B 19 kommend, am Kreisverkehr kurz vor Oberstdorf (unmittelbar nach dem Mc Donald's) die erste Abfahrt Richtung Kleinwalsertal nehmen und auf der B 19 bzw. nach der Staatsgrenze auf der L 201 nach Riezlern. Die Bergbahn liegt direkt an der Straße.
Mit Bahn und Bus: Mit dem Zug bis Oberstdorf und weiter in 20 Min. mit der Linie 1 des Walserbusses (10-bis-20-Minuten-Takt) bis Haltestelle Kanzelwandbahn.
Gehzeit: 1.45 Std. (bei kurzem Aufenthalt an den einzelnen Stationen).
Distanz: 3,6 km.
Höhenunterschied: 100 m.
Ausrüstung: Trekkingsandalen.
Anforderungen: Ab 4 Jahren. Der Weg verläuft auf breiten, meist gekiesten Wegen ohne Absturzgefahr. Kinderwagengeeignet, wenn man den als Variante beschriebenen Rückweg wählt.
Einkehr: Unterwegs keine.

Steinmanderlbauen an der Breitach.

Variante: Schwenkt man auf dem Rückweg bei den Häusern von Letze nicht nach links hinunter zur Breitach, sondern folgt der kaum befahrenen Straße geradeaus, erreicht man – am Campingplatz Zwerwald vorbei – bereits in 20 Min. wieder die Kanzelwandbahn-Talstation.

Von den Parkplätzen an der **Kanzelwandbahn-Talstation (1)** spazieren wir ein kurzes Stück auf dem Gehweg neben der L 201 taleinwärts und biegen links in die kleine Zwerwaldstraße ein. Nach etwa 500 m weist uns ein Schild zum Burmi-Erlebnisweg über wenige Treppenstufen nach rechts hinunter in einen **geteerten Pfad (2)**. Dies ist auch mit dem Kinderwagen zu schaffen – der weitere Weg ist dann für geländegängige Kinderwagen kein Problem mehr (allerdings muss man mit Kinderwagen auf dem Rückweg dann auf der Straße bleiben oder am Ende des Burmiweges kehrt machen und auf dem Hinweg zurückwandern). Der Weg führt uns bald durch Wald hinunter zur **Breitach**,

Die gespannten Seile machen allen Kindern Spaß.

die wir auf einer **Brücke (3)** überqueren. Wir halten uns links und spazieren nun direkt an der Breitach entlang, zu der man auch mit den Kindern hinuntersteigen und am dortigen Kiesstrand spielen kann.

700 m später wechseln wir auf einer Brücke die Flussseite, wenden uns rechts und sehen bereits den **Beginn des Erlebnisweges (4)**. Hier gilt es nun, aufgestellte Tiere im Wald zu entdecken und vom Flussufer aus mit den Steinen vom Kiesstrand auf der gegenüberliegenden Breitachseite eine Pfanne oder ein Sägeblatt zu treffen. Bald geht es erneut über die Breitach, nun wartet das Schwefelwasser mit einem Arm- und einem Trettrog und einem Grillplatz auf die Familien. Ein Stück weiter kommen wir zur Balancierstrecke und gleich anschließend zum »Mini-Klettergarten« – hier gilt es, sich über Seile ein ganzes Stück entlang-

Kletter- und Balancierstation am Burmi-Erlebnisweg.

zuhangeln. Wir erreichen eine Trimm-dich-Strecke und einen auf Metallfedern montierten Stein, auf dem es gar nicht so einfach ist, das Gleichgewicht zu halten. Kurz darauf überqueren wir erneut den Fluss, die Kinder freuen sich über eine neu errichtete Balancier- und Kletterstation, bevor wir dann zum **Ende des Burmi-Erlebnisweges (5)** kommen. (Anmerkung: Am Burmiweg werden im Frühjahr 2014 nach Redaktionsschluss des Buches noch vier Stationen erneuert bzw. neu geschaffen, die hier noch nicht berücksichtigt sein können.)

Wir erreichen die Fortsetzung der Zwerwaldstraße, in die wir nach links einbiegen. Gemütlich wandern wir nun auf der praktisch nicht befahrenen Straße etwas bergan und kommen in den Weiler **Letze (6)**. Hier entscheiden wir uns, nach links auf einem steilen, nicht kinderwagengeeigneten Weg hinunter zur Breitach zu steigen (Beschilderung »Burmierlebnisweg«), um dann auf dem Hinweg an der Breitach entlang zurückzuwandern.

HIGHLIGHTS

★ Burmi-Erlebnisweg an der Breitach mit Spielmöglichkeiten am Wasser und mit ca. neun spannenden Mitmachstationen.

★ Nach der Tour: Besuch des gegenüber der Kanzelwandbahn befindlichen Riezler Freibades mit 59-m-Rutsche (Freizeittipp D, S. 143).

★ Nach der Tour: Abstecher zum großen, tollen Spielplatz im Kurpark von Riezlern. Von der Kanzelwand-Talstation erreicht man diesen, indem man zum Eingang des Freibades auf der gegenüberliegenden Straßenseite geht, sich dort links hält und dann mit dem Weg nach rechts dreht. Nach 5 Minuten trifft man auf den Spielplatz mit Bachzugang gegenüber dem Weiher im Kurpark (Freizeittipp I, S. 147).

Man könnte aber auch weiter der Straße folgen (siehe Variante) und nach 500 m den Campingplatz Zwerwald passieren. Vorbei am Abzweig zum Burmiweg geht es schließlich auf dem Hinweg zur **Kanzelwand-Talstation (1)** zurück.

Hallo Kinder,

im Allgäu und im Kleinwalsertal trifft man immer wieder auf Spielplätze, die die Firma cucumaz gebaut hat. So ungewöhnlich der Firmenname ist, so ideenreich sind auch die Spielplätze. Das Besondere dabei ist, dass kein Spielplatz wie der andere ist. Jeder Spielplatz wird komplett neu geplant und steht meist unter einem ganz besonderen Motto. Damit ihr lange Freude an den Spielplätzen habt, wird nur das langlebige und nicht faulende Kernholz der Eiche und der Robinie verwendet. Beim Entfernen des äußeren Holzes wird darauf geachtet, dass die natürliche Wuchsform der Bäume mit all ihren Biegungen und Verwachsungen erhalten bleibt. Auf dem Burmi-Erlebnisweg, den ihr heute besucht, findet ihr gleich acht solcher Stationen. Einen Besuch wert ist übrigens auch der tolle Wolpertinger Spielplatz, den ihr in Oberstdorf im Kurpark an der evangelischen Kirche findet (siehe Freizeittipp J, S. 147).

Kleinwalsertal

8 ▸ Fellhorn, 2038 m

Von der Kanzelwandbahn-Bergstation ab 8 J.

Burmiwasser und malerischer Gebirgssee

Der Zwei-Länder-Weg von der Kanzelwand zum Fellhorn ist breit angelegt und wegen seiner wunderschönen Aussicht sehr beliebt, sodass man hier mit Sicherheit nicht allein unterwegs sein wird. Auf die Familien warten auf dieser Tour nicht nur insgesamt drei Spielplätze und das Burmiwasser (siehe Kinderkasten), sondern auch unterhalb des Fellhorns der malerische Schlappoldsee mit Zugang zum Wasser und eine Einkehr in der schön gelegenen Alpe Schlappold mit ihren Tieren. Zu Beginn und bei unserem Abstecher zur Alpe Schlappold können wir auf kleine Bergsteige und Pfade ausweichen, sodass auch das Naturerlebnis nicht zu kurz kommt. Wieder im Tal lohnt ein Besuch im direkt gegenüber der Talstation der Kanzelwandbahn liegenden Freibad Riezlern mit seiner 59-m-Rutsche. Wer mit kleinen Kindern unterwegs ist, kann von Deutschland aus mit der Fellhornbahn (Ausgangspunkt siehe Tour 14) zur Station Schlappoldsee hinauffahren und nur Schlappoldsee und Alpe Schlappold besuchen (auch mit dem Kinderwagen über Alpstraße möglich).

Der natürlich entstandene Schlappoldsee ist ein herrliches Kleinod.

KURZINFO

Ausgangspunkt: Kostenpflichtige Parkplätze an der Kanzelwandbahn-Talstation, 1086 m (Navi: A-6991 Riezlern/Walserstraße 77). Anfahrt siehe Tour 7.
Mit Bahn und Bus: Siehe Tour 7.
Gehzeit: 4.30 Std. Bitte zusätzlich Zeit für die Auffahrt mit der Fellhornbahn und das Burmiwasser einplanen.
Distanz: 10,7 km.
Höhenunterschied: Aufstieg 490 m, Abstieg 680 m.
Ausrüstung: Gut profilierte Wanderstiefel, bei Besuch des Burmiwassers Handtuch zum Füßeabtrocknen und Wechselkleidung für kleinere Kinder. Bei Bedarf können im Panoramarestaurant an der Kanzelwandbahn-Bergstation Kinderkraxen entliehen werden.
Anforderungen: Ab 8 Jahren. Kleine Bergsteige wechseln sich mit breiteren Wegen ab. Ohne den Abstecher zur Alpe Schlappold auch für Kinder ab 6 Jahren geeignet. Mit Kleinkindern und Kinderwagen (wird kostenlos nach oben transportiert) empfiehlt es sich, nur das Burmiwasser zu besuchen.
Bergbahnen: Gondelbahn Kanzelwandbahn, Sommerbetrieb von Mitte/Ende Mai bis Anfang November, erste Bergfahrt um 8.30 Uhr, (Mitte/Ende Mai bis Ende Juni sowie im Herbst bei Schnee in den Hochlagen erst um 9 Uhr), letzte Bergfahrt 16.45 Uhr (16.15 Uhr), Tel. +43 5517 52740, www.ok-bergbahnen.com. **Gondelbahn Fellhornbahn**, Fahrzeiten wie Kanzelwandbahn, Tel. +49 8322 96000, www.ok-bergbahnen.com.
Einkehr: Panoramarestaurant Kanzelwand, 1950 m, Selbstbedienungsrestaurant mit großer Sonnenterrasse, Kindermenü, im Sommer geöffnet von Ende Mai bis Mitte Oktober, kein Ruhetag, Tel. +43 5517 52740. **Obere Bierenwang Alpe**, 1735 m, geöffnet von Anfang Juni bis Mitte Oktober, kein Ruhetag, Tel. +49 8322 961921, www.alpe-bierenwang.de. **Berggasthof Schlappoldsee** (Mittelstation Fellhornbahn), 1780 m, geöffnet wie Bergbahn, kein Ruhetag, Tel. +49 8322 96002710.

Auf der Kanzelwand (Variante).

Alpe Schlappold, 1705 m, geöffnet von Mitte Mai bis Ende Oktober, kein Ruhetag, Tel. +49 151 16584673, www.alpe-schlappold.de. **Gipfelrestaurant Fellhorn**, 1967 m, geöffnet wie Bergbahn, kein Ruhetag, Tel. +49 8322 96002723.

Variante 1: Aufstieg zur Kanzelwand (Kinder ab 8 Jahren, rote Tour, Trittsicherheit und Bergstiefel erforderlich, Gehzeit mit Rückweg über Riezler Alpsee und Aussichtspunkt Rote Wand 2 Std.). Möchte man eine kürzere Tour machen, kann man mit gut profilierten Bergschuhen von der Kanzelwandbahn-Bergstation dem Burmiwasser am Spielplatz vorbei ein Stück bis zu einer Dreifachteilung des Weges bergab folgen. Man wählt den mittleren Weg und erreicht rechts haltend über einen schnell schmaler werdenden Bergsteig mit einigen wenigen Drahtseilsicherungen in einer knappen halben Stunde die Kanzelwand, 2059 m, (Vorsicht, am Gipfel geht es steil hinunter!), von der man eine fantastische Aussicht in die Allgäuer Alpen hat. Rückweg wie Hinweg, unten geht man an einer

Kleinwalsertal

HIGHLIGHTS

★ Herrliches Gebirgspanorama an der Bergstation der Kanzelwandbahn und auf dem Fellhorn.
★ Unterwegs viele Kühe, an der Alpe Schlappold Hasen, Ziegen und Schweine.
★ Spielplätze an der Mittelstation der Fellhornbahn, an der Alpe Schlappold, sowie beim Burmiwasser in der Nähe der Bergstation der Kanzelwandbahn.
★ Spannendes Burmiwasser (zwischen der Bergstation der Kanzelwandbahn und dem Riezler Alpsee) mit mehreren Hundert Metern Wasserrinnen, Schleusen und einigen Wasserstationen (z. B. Wasserrad und Bachläufe).
★ Nach der Tour: Freibad Riezlern (siehe Freizeittipp D, S. 143) direkt an der Talstation der Kanzelwandbahn.

Verzweigung geradeaus zur Dreifachteilung, rechts entlang des Burmiwassers zum Riezler Alpsee und von dort bergauf über den Aussichtspunkt Rote Wand zurück zur Kanzelwandbahn-Bergstation.
Variante 2: Abstieg vom Riezler Alpsee nach Riezlern (ab 10 Jahren, schwarze Tour, Gehzeit 2.15 Std., absolute Trittsicherheit, Schwindelfreiheit und gut profilierte Bergschuhe erforderlich, nicht bei Nässe begehen, Rutschgefahr!). Am nördlichen Ende des Riezler Alpsees führt ein kleiner Pfad unbeschildert abwärts. Nach 10 Min. weist uns kurz vor einem Bach ein Schild links nach Riezlern und zur Riezler Alpe. Die schwierigste Stelle des Weges erreicht man bereits nach wenigen Minuten, dort geht es seilgesichert einige Meter eine steinige Steilstufe hinunter. Aufpassen muss man besonders unmittelbar am Fuß der Stufe, da der Pfad dort etwas abschüssig ist und es rechts davon steil hinuntergeht. Danach queren wir auf einem sehr kleinen Pfad die mit vielen blühenden Pflanzen, wie dem blauen Eisenhut und den gelben Brillenschötchen, bewachsene Flanke der Gehrenspitze. Dann führt der Pfad um die Gehrenspitze herum – Vorsicht, hier fällt der Pfad rechts des Weges steil ab! Nach etwa einer Stunde können wir an der unbewirtschafteten Riezler Alpe eine Pause einlegen, weiter geht es bald durch Wald schön, aber steil abwärts. Nach einer weiteren Stunde kommen wir oberhalb von Riezlern in der Nähe eines Kneippbeckens aus dem Wald, halten uns hier links, an der nächsten Verzweigung rechts und erreichen in 15 Min. die Talstation der Kanzelwandbahn.

An der Alpe Schlappold warten viele Tiere und ein Spielplatz.

Herrlicher Blick vom Fellhorn hinüber zum Allgäuer Hauptkamm.

Von der **Talstation (1)** schweben wir mit der Gondel hinauf zur **Bergstation (2)**, wenden uns dort scharf links und folgen dem Wegweiser »Fellhorn ü. Rote Wand« unmittelbar an dem Bergbahngebäude entlang. Das Burmiwasser mit seinen vielen Wasserstationen heben wir uns als Attraktion für den Rückweg auf. Ein Gratweg führt uns schnell hinüber zum **Aussichtspunkt Rote Wand (3)**, an dem zwei große Gipfelbestimmungstafeln auf uns warten. Von hier geht es nun nach rechts auf einem Bergsteig gestuft über einen blumenreichen Hang in Serpentinen zum angelegten (Wasserreservoir für die Schneekanonen) **Riezler Alpsee (4)** hinunter. Dort führt wiederum direkt an unseren Weg anschließend scharf links ein weiterer Pfad unbeschildert in Richtung Fellhorn. Wir kommen an einer Abzweigung nach Riezlern (siehe Variante 2) vorbei, gehen geradeaus weiter und suchen uns einen Weg, der uns trockenen Fußes durch einen Gebirgsbach führt. Hier könnte man eine kleine Spielpause einlegen. Kurz darauf stoßen wir auf einen breiten Wanderweg, biegen links ein und marschieren zwischen den hier oft auf dem Weg stehenden Kühen hindurch zu einer **Verzweigung (5)**. Geradeaus geht es direkt hinauf zum Fellhorn (von dort kommen wir auf dem Rückweg), wir folgen aber dem rechts abwärtsführenden, kleineren Bergweg zur »Obere Bierenwang Alpe/Fellhornbahn – Station Schlappoldsee«. An einer weiteren Verzweigung gehen wir geradeaus, kommen an einer Diainfosäule des Natur- und Blumenweges vorbei, halten uns an einer Wegeinmündung links und erreichen 30 Minuten nach dem ersten Abzweig die bewirtschaftete **Obere Bierenwang Alpe (6)**, 1735 m, mit ihrer einladenden Sonnenterrasse. Nun ist es nicht mehr weit bis zur **Station Schlappoldsee (Mittelstation) (7)**, 1780 m, der Fellhornbahn, erst geht es ebenerdig und leicht abwärts weiter, später allerdings müssen wir einige Höhenmeter gewinnen, bevor wir die Bergbahnstation erreichen. Dort wartet ein großer Spielplatz mit langer Röhrenrutsche, Affenschaukel, Kletterspinnennetz und Kletterwand auf den Nachwuchs.

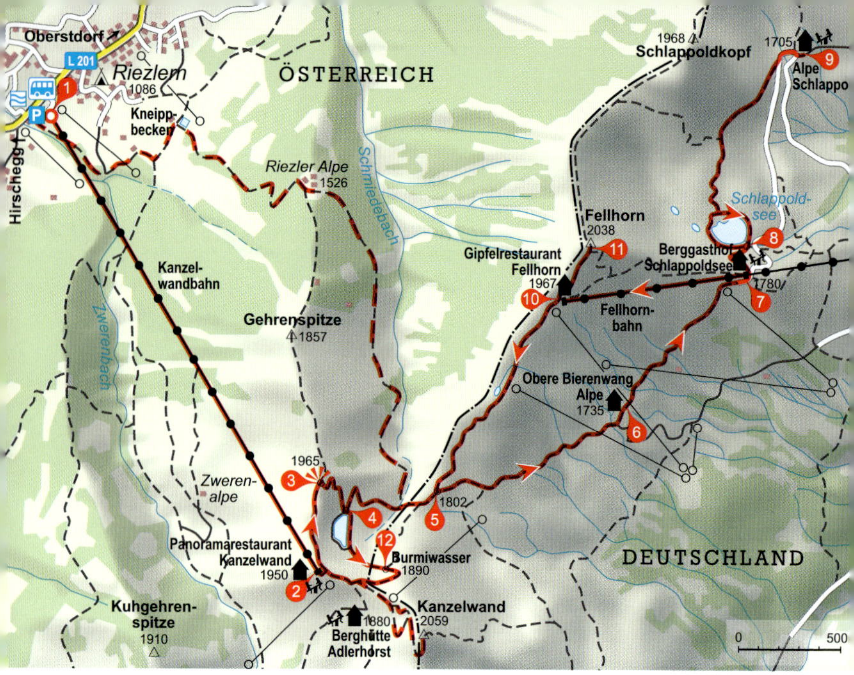

Wir fahren nun noch nicht gleich mit der Gondel hinauf zur Fellhornbergstation, sondern wollen erst weiter zum wunderschön gelegenen Schlappoldsee und zur Alpe Schlappold. Hierzu gehen wir auf dem geteerten Weg unter der großen Panoramaterrasse entlang und verlassen diesen unmittelbar nach dem Gebäude nach links in einen Pfad (Beschilderung »Wanderweg«), der uns direkt zum natürlich entstandenen, malerischen **Schlappoldsee (8)** führt. Wir wenden uns links und gehen im Uhrzeigersinn um den See, bis wir an dessen anderem Ende auf einen Schilderbaum treffen, der uns zur Alpe Schlappold nach links aufwärts in einen Pfad weist. 10 Minuten später stehen wir an einem weiteren Schilderbaum. Hier könnte man links zum Fellhorn aufsteigen, wir wandern aber geradeaus und marschieren den Hang querend auf einem schönen Pfad in 20 Minuten direkt zur **Alpe Schlappold (9)**, 1705 m. Hier warten ein kleiner Spielplatz, der besonders auf

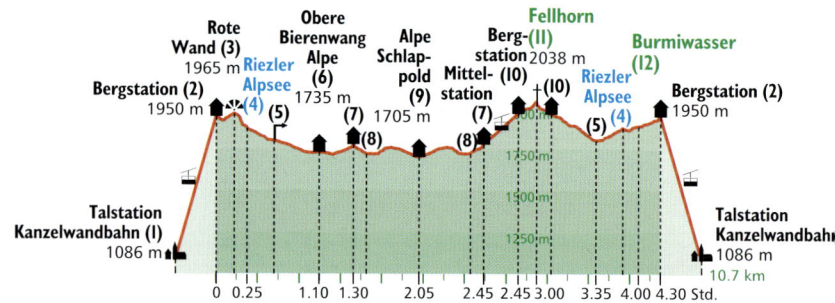

kleinere Kinder abgestimmt ist, sowie Hasen, Ziegen, Schweine und Kühe auf die Kinder. (Hinweis: Oberhalb der Alp führt ein kleiner Pfad hinauf auf den vom Fellhorn kommenden Grat; alternativ könnte man hier mit konditionsstarken Kindern zum Fellhorn aufsteigen.)

Von der Alpe Schlappold gehen wir auf dem Hinweg wieder zurück zum Schlappoldsee (8), setzen nun die Umrundung fort und steigen wieder hinauf zur Mittelstation (7), von der wir mit der Gondel zur Bergstation (10), 1950 m, fahren. Auf einem blumenreichen Pfad machen wir – rechts haltend – einen Abstecher zum Fellhorn (11), 2038 m. Vom Gipfel geht es wieder zurück zur Bergstation (10), an dieser vorbei und geradeaus weiter abwärts über den teils gestuften »Blumenweg«, auf dem wir allerdings auch nicht mehr blühende Pflanzen finden als auf anderen Wegen im Gebiet von Kanzelwand und Fellhorn. Nach 25 Minuten kommen wir in den Sattel, an dem wir vorhin zur Oberen Bierenwang Alpe abgebogen sind, wandern geradeaus weiter und biegen dann bei nächster

Erfrischung im Burmiwasser.

Gelegenheit rechts ab, um wieder auf dem Hinweg zum Riezler Alpsee zu gelangen. Dort gibt es eine Liege zum Rasten und einen Brotzeittisch. Viel wichtiger für die Kinder ist aber das Burmiwasser (12), das von der anderen Seeseite längs eines Kiesweges zurück zur Bergstation der Kanzelwandbahn (2) führt. Auf diesem letzten Wegstück warten Wasserrinnen, -schleusen und -stationen, ein Spielplatz sowie im oberen Bereich Bachläufe mit kleinen angelegten Gumpen, in denen auch die Erwachsenen herrlich ihre müden Füße erfrischen können.

Hallo Kinder,

am Burmiwasser gibt es etwas, von dem man bei warmen Temperaturen nie genug haben kann: Wasser! So lange Holzrinnen, in denen man an den vielen Schleusen das feuchte Element aufstauen und als kraftvolles Bächlein den Berg hinabschicken kann, habe ich noch nie gesehen! Bei wem wohl der Wasserstrahl am stärksten und damit weitesten aus der Rinne schießt? Zum Glück stehen entlang des Burmiwassers Bänke für eure Eltern bereit, denn habt ihr erst einmal angefangen, Schleusenwärter zu spielen, wollt ihr bestimmt so schnell nicht weiterwandern. Zusätzlich warten am Burmiwasser auch angelegte Wasserläufe, in denen ihr eure Füße erfrischen und auf den runden Kieselsteinen trainieren könnt, Wasserräder und weitere Wasserstationen auf euch.

Kleinwalsertal

9 Kuhgehrenspitze, 1910 m

Von der Kanzelwandbahn-Bergstation ab 8 J.

Erlebniswege und Alpeinkehr
Mit lauffreudigen Kindern ab 8 Jahren kann man den Besuch des Burmiwassers (siehe Seite 59) an der Bergstation der Kanzelwandbahn mit einem kurzen Anstieg zur aussichtsreichen Kuhgehrenspitze und dem Abstieg über die schön gelegene, bewirtschaftete Innere Kuhgehrenalpe mit ihren Tieren verbinden. Am Schluss der Tour locken im Tal noch der Burmi-Erlebnisweg und eine Rast am Ufer der Breitach (siehe Variante am Ende der Hauptroute und Tour 7), bevor es wieder zurück zur Talstation mit dem direkt gegenüberliegenden schönen Freibad geht.

KURZINFO

Ausgangspunkt: Kostenpflichtige Parkplätze an der Kanzelwandbahn-Talstation, 1086 m (Navi: A-6991 Riezlern/ Walserstraße 77). Anfahrt siehe Tour 7.
Mit Bahn und Bus: Siehe Tour 7.
Gehzeit: 4 Std.
Distanz: 9,3 km.
Höhenunterschied: Aufstieg 110 m, Abstieg 970 m.
Ausrüstung: Gut profilierte Wanderschuhe, Handtuch zum Füßeabtrocknen (für Burmiwasser). Bei Bedarf können im Panoramarestaurant an der Bergstation Kinderkraxen entliehen werden.
Anforderungen: Ab 8 Jahren. Die Wanderung erfolgt überwiegend auf kleinen Bergsteigen, für die etwas Trittsicherheit erforderlich ist. Am Ende der Tour in der Ebene Kies- und Teerwege.
Bergbahn: Gondelbahn Kanzelwandbahn, Sommerbetrieb von Mitte/Ende Mai bis Anfang November, erste Bergfahrt um 8.30 Uhr, (Mitte/Ende Mai bis Ende Juni sowie im Herbst bei Schnee in den Hochlagen erst um 9 Uhr), letzte

Auf dem Weg zum Grasgipfel der Kuhgehrenspitze.

Die Berghütte Adlerhorst mit der dahinterliegenden Kuhgehrenspitze.

Bergfahrt 16.45 Uhr (16.15 Uhr), Tel. +43 5517 52740, www.ok-bergbahnen.com.
Einkehr: Panoramarestaurant Kanzelwand, 1950 m, Selbstbedienungsrestaurant mit großer Sonnenterrasse, Kindermenü, im Sommer geöffnet von Ende Mai bis Mitte Oktober, kein Ruhetag, Tel. +43 5517 52740. **Berghütte Adlerhorst**, 1880 m, geöffnet wie Bergbahn, kein Ruhetag, Tel. +43 5517 54660. **Innere Kuhgehrenalpe**, 1673 m, geöffnet von Anfang Juni bis Mitte Oktober, kein Ruhetag, Tel. +43 676 9310842, www.alpe-kuhgehren.at.
Berggasthof Schwabenhütte, 1149 m, Mittwoch und Donnerstag Ruhetag, Tel. +43 5517 5654, www.schwabenhuette.at.
An der Variante: **Innere Wiesalpe**, 1298 m, geöffnet von Christi Himmelfahrt bis Ende Oktober und Weihnachten bis Ostern, kein Ruhetag, Tel. +43 664 9208836. **Untere Wiesalpe**, 1290 m, geöffnet von Anfang Juni bis Mitte September, Mittwoch Ruhetag, Tel. +43 650 3069668.
Variante: Abstieg von der Inneren Kuhgehrenalpe über die bewirtschaftete Wiesalpe (ab 8 Jahren, rote Tour, Gehzeit nach Riezlern ca. 2.30 Std.): Hierzu wenden wir uns an dem Wegweiser (5) etwa 5 Min. unterhalb der Inneren Kuhgehrenalpe links Richtung Wildental und Wiesalpe und gehen an einer bald darauf auftauchenden Abzweigung geradeaus weiter. Nun steil abwärts erst durch Wald, dann in vielen Serpentinen auf einem Bergsteig über Wiesenflächen weiter hinunter. Nach 20 Min. wird es wieder flacher, wir passieren den Zaun eines Wildgeheges und erreichen schnell das Wildental mit seiner Einkehrmöglichkeit in der Inneren Wiesalpe. Der schnellste Weg (Beschilderung »Riezlern«) führt nun im spitzen Winkel (von der Alpe müssen wir ein Stück zurückgehen) auf einem Höhenweg weiter. Wir können aber auch zu der etwas unterhalb liegenden (bereits sichtbaren), bewirtschafteten Unteren Wiesalpe gehen, auf dem breiten Kiesweg bleiben und dann bei nächster Gelegenheit rechts über einen Bach wandern – die beiden Alternativen treffen bald wieder zusammen. Zwei Mal könnte man nun die Tour etwas abkürzen und dem Wegweiser zu einer Bushaltestelle folgen und dann mit dem Bus zurückfahren. Nach Riezlern ist es aber auch nur noch etwa 1 Std., sodass wir auf dem aussichtsreichen Höhenweg bleiben und 10 Min. vor der Schwabenhütte wieder mit den Familien, die die Hauptroute gewählt haben, zusammentreffen.

Über Almwiesen geht es hinunter zur Inneren Kuhgehrenalpe.

Von der **Talstation (1)** geht es mit der Kanzelwandbahn bequem hinauf zur **Bergstation (2)**, 1950 m. Dort folgen wir dem Burmiwasser abwärts, an heißen Tagen ist es ein tolles Vergnügen für Kinder wie Erwachsene, barfuß durch den Bachlauf zu steigen. Wir kommen an einem Spielplatz vorbei und zu einer Dreiteilung des Weges. Links kann man entlang des Burmiwassers zum Riezler Alpsee (Schneekanonensee) wandern, geradeaus geht es mit Kindern ab 8 Jahren in

Hallo Kinder,

die Innere Kuhgehrenalpe, zu der ihr heute wandert, hätte sicherlich viel zu erzählen, denn sie ist bereits gute 200 Jahre alt! Für fünf Monate im Jahr, so lange dauert hier oben der Alpsommer, stellt sie nicht nur für knapp 50 heranwachsende Rinder (sogenanntes »Jungvieh«), einige Schweine und Hühner sowie zwei Milchkühe das Zuhause dar, sondern auch für die »Wirtsleut«. Die beiden führen hier oben ein recht einfaches Leben ohne Fernseher oder Internet. Es führt auch kein elektrisches Kabel den Kuhgehrensattel hinauf – den Strom produziert die Sonne, und so steht von diesem mal mehr, mal weniger zur Verfügung. Langweilig wird es den Wirtsleuten und ihren Kindern, die in den Sommerferien tatkräftig mithelfen, trotzdem nicht, denn auf so einer Alpe gibt es immer viel zu tun. Es muss ja nicht nur der leckere Kuchen für die hungrigen Wanderer gebacken, sondern auch gebuttert und gekast werden, die Kühe wollen gemolken, der Schweinestall ausgemistet und sowieso alle Tiere versorgt werden. Versucht doch auch einmal, eine Zeit lang auf Fernsehen und Computer zu verzichten! Schafft ihr das?

einer halben Stunde hinauf zur Kanzelwand (Trittsicherheit erforderlich, siehe Variante 1 von Tour 8), wir schlagen aber den rechten Weg ein. Vor der **Berghütte Adlerhorst** gehen wir geradeaus weiter und wandern nun auf einem schmalen Höhenweg, gegen Ende des Steigs stark ansteigend, hinauf in den **Sattel** zwischen der Walser Hammerspitze und der Kuhgehrenspitze. Wir wenden uns rechts und erreichen in 15 Minuten über einen Bergsteig die **Kuhgehrenspitze (3)**, 1910 m, von der wir einen fantastischen Blick hinunter nach Riezlern, auf den Hohen Ifen und das Gottesackerplateau haben.

Wieder zurück im **Sattel** wandern wir – uns rechts haltend – nun wiederum auf einem angenehmen Höhenweg weiter. Nach 20 Minuten erreichen wir eine herrliche Almfläche mit einem wunderschönen Blick hinunter nach Baad. Wer will, kann nun bei warmem Wetter und trockenem Boden barfuß die 10 Minuten bis zur herrlich gelegenen **Inneren Kuhgehrenalpe (4)**, 1673 m, hinuntermarschieren. Auf der Alpe warten nicht nur leckere kleine Gerichte und Kuchen, sondern neben den Kühen auch Schweine und Hühner (manchmal mit Küken) auf die Familien. Der Weiter-

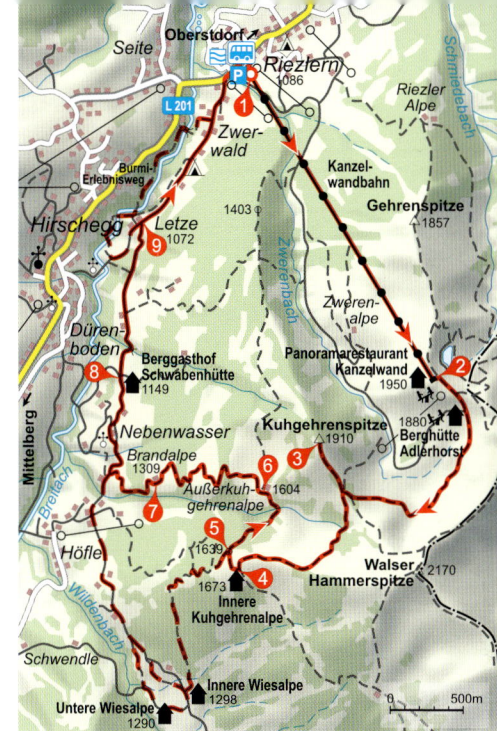

weg führt direkt durch den Wirtsgarten der Alpe abwärts bis zu einer **Verzweigung (5)**. Hier wenden wir uns rechts (»Außerkuhgehrenalpe, Brandalpe«) und wandern erst einmal mehr oder weniger auf gleicher Höhe bleibend einige Hundert Meter durch lichten Wald. Dann kommen wir wieder ins Licht, überqueren einen kleinen Bach und schwenken mit dem Weg nach links. Nun führt uns ein barfußtauglicher Pfad über die Weiden. Kurz vor der nicht be-

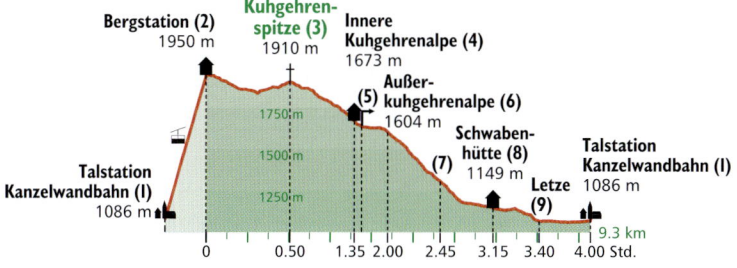

Schweine an der Inneren Kuhgehrenalpe.

wirtschafteten **Außerkuhgehrenalpe (6)**, 1604 m, halten wir uns links und wandern unterhalb des Gebäudes weiter bergab. Nach der Querung von zwei kürzeren Waldstücken erreichen wir 45 Minuten später die ebenfalls nicht bewirtschaftete **Brandalpe (7)**, 1309 m, und stoßen 15 Minuten später auf einen querenden Kiesweg, wo wir auf diejenigen treffen, die die Variante über die Wiesalpe gewählt haben. Wir biegen rechts ein und halten uns an der nächsten Wegverzweigung rechts aufwärts (»Riezlern, Schwabenhütte«). Bald darauf passieren wir den großen **Berggasthof Schwabenhütte (8)**, überqueren auf einer Holzbrücke einen Bach und kommen in den Weiler **Letze (9)**. Am schnellsten erreicht man nun wieder die **Talstation der Kanzelwandbahn (1)**, indem man rechts in die kaum befahrene Straße schwenkt. Der Weg führt vorbei am Campingplatz Zwerwald, in Riezlern biegt man dann rechts in die L 201 ein. In Letze können wir aber auch zum Abschluss unserer Tour noch einen Abstecher zum Burmi-Erlebnisweg (siehe Tour 7) und zur Breitach machen, indem wir uns links wenden, den Abzweig nach rechts zum Burmi-Erlebnisweg ignorieren, ca. 400 m die Asphaltstraße hinuntermarschieren und dann rechts (Hinweisschild »Burmierlebnisweg«) zum Beginn des **Burmiweges** kommen. Nach mehrmaligem Überqueren der Breitach spazieren wir nach dem Ende des Erlebnisweges entweder rechts wieder hinauf nach Letze oder erneut über den Fluss und können dann schön an der Breitach entlang flussabwärts laufen. Bevor es nochmals über die Breitach hinauf zur Zwerwaldstraße und links zur Talstation der Kanzelwandbahn geht, lockt noch eine Rast an einer gut zugänglichen Stelle an der Breitach, wo wir die Wanderung mit Spielen am Wasser und Steinmännchenbauen ausklingen lassen können.

HIGHLIGHTS

- ★ Burmiwasser (siehe Kinderkasten Seite 59) an der Kanzelwand-Bergstation.
- ★ Abwechslungsreicher Weg über kleine Bergsteige und Pfade.
- ★ Einkehrmöglichkeit in der herrlich gelegenen Inneren Kuhgehrenalpe mit ihren Tieren (Kühe, Schweine, Hühner).
- ★ Burmi-Erlebnisweg (siehe Tour 7) mit einigen Mitmachstationen im Tal an der Breitach.
- ★ Nach der Tour: Freibad Riezlern direkt gegenüber der Kanzelwandbahn-Talstation (siehe Freizeittipp D, S. 143).

Kleinwalsertal

Naturbrücke und Mahdtalhaus

10

Vom Sportplatz in Hirschegg   ab 6 J.

Interessantes Naturdenkmal am Schwarzwasserbach
Bei Hirschegg hat der Schwarzwasserbach eine kleine Klamm geschaffen, die mit einer Besonderheit aufwartet – dort kann man vor einem kleinen Wasserfall mittels einer natürlich entstandenen Brücke (siehe Kinderkasten) den Bach überqueren, auf der anderen Seite eine Treppenleiter hinaufsteigen und einige tolle Blicke in die Klamm werfen. An einem Kneippbecken und einem Wasserfall vorbei, hängen wir dann noch eine Runde über das im Sommer von Donnerstag bis Sonntag mittels Kiosk und Sonnenterrasse bewirtschaftete Mahdtalhaus an, bevor wir wieder auf den Hinweg treffen und diesem zurück nach Hirschegg folgen.

Urtümliche Vegetation am wildromantischen Aubach.

Die Naturbrücke bei Niedrigwasser des Schwarzwasserbaches.

KURZINFO

Ausgangspunkt: Gebührenpflichtiger Parkplatz am Sportplatz in Hirschegg, 1102 m (Navi: A-6992 Hirschegg/Wäldelestraße 13). Von Norden auf der B 19 kommend, am Kreisverkehr kurz vor Oberstdorf (unmittelbar nach dem McDonald's) die erste Abfahrt Richtung Kleinwalsertal nehmen und auf der B 19 bzw. nach der Staatsgrenze auf der L 201 nach Riezlern. Unmittelbar nach der Breitachbrücke am Ortsende rechts in die Schwarzwassertalstraße einbiegen, an der nächsten Verzweigung links halten und weiter auf der Schwarzwassertalstraße bis zu einer weiteren Verzweigung. Hier rechts in die Wäldelestraße und nach 300 m links am Sportplatz parken.
Mit Bahn und Bus: Mit dem Zug nach Oberstdorf und von dort im 10-bis-20-Minuten-Takt mit der Walserlinie 1 bis Haltestelle Riezlern Post. Dort umsteigen in die Walserlinie 3 und bis zur Haltestelle Sportplatz Au.

Gehzeit: 2 Std.
Distanz: 4,2 km.
Höhenunterschied: 120 m.
Ausrüstung: Trekkingsandalen.
Anforderungen: Ab 6 Jahren. Der Weg verläuft überwiegend auf breiten, gekiesten Wegen. Im Bereich der Naturbrücke und der Klamm kleine Pfade. Kleinere Kinder hier bitte unbedingt an die Hand nehmen, es besteht Absturzgefahr neben den Pfaden.
Einkehr: Kiosk im **Mahdtalhaus**, 1045 m, von Weihnachten bis Ende Oktober, im Sommer Do.–So. (Winter Fr.–So) 11.30–16.30 Uhr geöffnet, hausgemachte Kuchen und Kleinigkeiten zum Essen auf der Sonnenterasse, Übernachtungsmöglichkeit, Tel. +43 5517 6423, www.dav-mahdtalhaus.de.
Variante: Wer die Tour abkürzen möchte, zweigt nach dem Pfad, der von der Leiter der Naturbrücke zum Kneippbecken führt, links in den Kiesweg ab und geht hinunter zur Brücke, an der Schwarzwasserbach und Aubach zusammenfließen. Von dort wie in der Hauptroute zurück zum Parkplatz (Gehzeit dann 1 Std).

Unsere Wanderung beginnt auf der gegenüberliegenden Straßenseite des Parkplatzes am **Sportplatz in Hirschegg (1)**. Wir folgen der Beschilderung »Naturbrücke« auf einem Kiesweg nordwärts über die Wiesen, überqueren eine Teerstraße und setzen unseren Weg geradeaus fort. 5 Minuten später kommen wir an einem allein stehenden Haus vorbei, nun führt uns der Weg bald in den Wald. Auf einem nach rechts abgehenden **Trampelpfad (2)** können wir hier bereits zum Schwarzwasserbach und der kleinen Klamm spazieren und uns an der Schluchtkante links halten. Aber Achtung, der Pfad fällt zum Scharzwasserbach steil ab, hier ist besonders mit kleineren Kindern größte Vorsicht geboten! Wir können aber auch auf dem Kiesweg bleiben und erst vor einer Brücke nach rechts aufwärtsschwenken, dann treffen wir oberhalb der Naturbrücke wieder mit denen zusammen, die an der Klamm entlanggegangen sind.

Wir steigen ein paar Treppen hinunter und könnten nun bei Niedrigwasser an einer günstigen Stelle links durch das Geländer schlüpfen, um hinunter zu der Kiesbank und der Gumpe zu kommen, die direkt unter der Naturbrücke liegen. Aber Vorsicht, zur Schneeschmelze und nach Regenfällen ist der Schwarzwasserbach hier sehr reißend, dann darf man auf keinen Fall dorthin absteigen! Hat es hingegen längere Zeit nicht geregnet, kann man in den direkt links unter uns liegenden tiefen Gumpen baden und auf den Felsen herumkraxeln. Dies ist aber nur etwas für größere Kinder, die sehr gut schwimmen können und die die gebotene Vorsicht walten lassen.

Wieder auf dem Treppenweg stehen wir nach ein paar Metern direkt auf der **Naturbrücke (3)**, rechts von uns schießt hier je nach Wassermenge im Bach ein mehr oder weniger aus-

Hallo Kinder,

die Naturbrücke besteht hauptsächlich aus Stein, im oberen Bereich aber auch aus Erde und Wurzeln – zwei große Bäume wachsen erstaunlicherweise direkt auf der Naturbrücke in die Höhe. Könnt ihr euch vorstellen, wie dieses tolle Naturdenkmal entstanden ist? Vor langer Zeit floss der Schwarzwasserbach im Bereich der Naturbrücke auf einer langen Strecke unterirdisch, dann krachte jedoch das Höhlendach fast vollständig in sich zusammen. Lediglich das kleine Stück, das wir heute als Naturbrücke bestaunen können, blieb unversehrt.

Kleinwalsertal

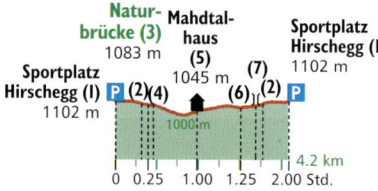

geprägter Wasserfall ein paar Meter abwärts in die darunterliegende Gumpe. Ein wunderschöner Platz, der Groß und Klein in Staunen versetzt. Von der Naturbrücke führt eine Leiter mit breiten Sprossen nach oben, wir wenden uns an der dortigen Rastbank rechts aufwärts und können etwa 50 m oberhalb interessante Gesteinsaushöhlungen in der Klamm entdecken, bei denen es sich gemäß eines Hinweisschildes nicht um Gletschermühlen, sondern um Auswaschungen des Schwarzwasserbaches handelt. Geht man noch ein paar Meter weiter, kommt man in das (meist verlassene) Camp eines Erlebnisveranstalters (www.map-erlebnis.de), der unter anderem (Erwachsenen und Jugendlichen) anbietet die Klamm mittels einer Seilbahn zu durchfahren – jüngere Kinder können diese Abfahrt im Rahmen des Ferienprogramms des Kleinwalsertales erleben (siehe Freizeittipp W, S. 154).

Wir gehen wieder zurück zur Rastbank und folgen nun einem kleinen Pfad, der uns auf einen breiten Kiesweg bringt. Wir halten uns rechts, treffen auf eine **Wasseranlage (4)** mit einigen Liegestühlen und schwenken vor der Kneippanlage nach links (»Mahdtalhaus 20 Min.«). Nach etwa 50 m entdecken wir zwischen den Bäumen einen sehenswerten Wasserfall, hier stürzt sich der soeben mit dem Aubach vereinigte Schwarzwasserbach ca. 20 m in die Tiefe.

Wir spazieren weiter auf dem hoch über dem Bach verlaufenden Weg,

HIGHLIGHTS

★ Spannende Naturbrücke mit einer Treppenleiter und Blick in eine kleine, aber faszinierende Klamm.
★ Bei Niedrigwasser Spielmöglichkeit an Schwarzwasserbach und Aubach; ist der Bachlauf des Schwarzwasserbaches links der Naturbrücke mangels Wasser scheinbar unterbrochen, kann man auch in den tiefen Gumpen des Schwarzwasserbaches mit Kindern, die sehr gut schwimmen können, baden.
★ Malerischer Zusammenfluss von Aubach und Schwarzwasserbach in der Nähe der Naturbrücke.
★ Wasseranlage und schöner 20-m-Wasserfall.
★ Einkehr und Steckerleis am Kiosk im Mahdtalhaus.

Blick in die Schwarzwasserklamm oberhalb der Naturbrücke.

Die Wasseranlage lädt zum Verweilen und Erfrischen der Füße ein.

halten uns an einer Verzweigung links, überqueren 5 Minuten später auf einer überdachten Holzbrücke den **Schwarzwasserbach** und steigen auf der anderen Seite hinauf zum bewirtschafteten (Brotzeiten, Suppen, Kuchen, Steckerleis) **Mahdtalhaus (5)**, 1045 m, des DAV mit seinem schon von Weitem erkennbaren, etwas überdimensionierten Edelweiß. Von hier oben haben wir eine herrliche Sicht auf die Berge.

Weiter geht es geradeaus auf der kleinen Asphaltstraße, nach wenigen Minuten biegen wir dann links (»Naturbrücke 20 Min.«) in einen breiten Kiesweg ein, der uns über **Kesselschwand (6)** mit seinem großen Hof und den vielen Tieren bis kurz vor (ca. 50 m) eine Brücke führt. Dort weist uns ein Schild nach rechts zum Gasthof Hammerer, wir gehen aber noch ein Stück geradeaus weiter. Unmittelbar vor dieser **Brücke (7)** – hier fließen Schwarzwasserbach und Aubach malerisch zusammen – biegen wir rechts in einen unbeschilderten wurzeligen Pfad ein, der uns herrlich an dem munter über die vielen moosbedeckten Steine fließenden Aubach bachaufwärts führt. Bei Normalwasser kann man an einigen Stellen zu dem Bach hinuntersteigen und dort noch einmal eine Spielpause einlegen. Bald stoßen wir auf einen Weg, wenden uns links, gehen auf einer Brücke über den Aubach und wandern auf bekanntem Weg zu unserem Ausgangspunkt am **Sportplatz in Hirschegg (1)** zurück.

Schafe in Kesselschwand.

Kleinwalsertal

11 Runde durch die Breitachklamm

Von der Walserschanz   ab 4 J.

Der Breitachklamm muss man unbedingt einen Besuch abstatten.

Faszinierende Schlucht mit tosendem Wasser

Die Breitachklamm ist unbestritten mit ihrem tosenden Wasser, den tiefgrün schimmernden Gumpen und insbesondere den mächtigen, fast schon beängstigend überhängenden Felswänden eine der faszinierendsten Schluchten der Alpen. 150 Meter tief hat sich hier die Breitach in den Schrattenkalk hineingefressen und so ein großartiges Naturschauspiel geschaffen. Nach jedem Hochwasser präsentiert sich die Klamm mit ihren verkeilten Baumstämmen und Felsklötzen in einem neuen Gewand. Am 23. Mai 1995 ereignete sich in der Klamm ein gewaltiger Felssturz, die riesigen herabgestürzten Felsblöcke kann man heute noch sehr gut sehen. Damals wurde die Klamm mit 50 000 Kubikmeter Geröll zugeschüttet. Das Wasser der Breitach konnte daraufhin nicht mehr ungehindert abfließen und staute sich zu einem See auf, dessen Wassermenge während der Schneeschmelze im März 1996 auf 300 Millionen Liter Wasser anstieg. Aufgrund des enormen Wasserdrucks brach der Geröllmamm am 23. März 1996, wodurch eine 35 Meter hohe Flutwelle durch die Klamm schoss. Dabei wurde der Klammweg total verwüstet, es entstand ein Schaden von über 150 000 Euro. Die Breitachklamm kann man sowohl von Tiefenbach bei Oberstdorf, wie auch von der sogenannten Walserschanz im Kleinwalsertal aus besuchen. Wir haben hier als Ausgangspunkt die Walserschanz gewählt, als alternativen Ausgangspunkt aber auch den unteren Klammeingang bei Tiefenbach mit Anfahrt angegeben (siehe Kurzinfo).

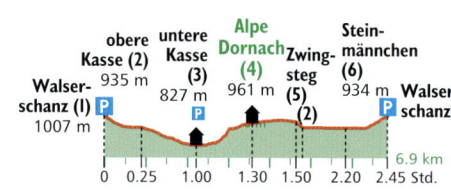

KURZINFO

Ausgangspunkt: Gebührenpflichtiger Parkplatz direkt an der B 19 an der deutsch-österreichischen Grenze im Kleinwalsertal, 1007 m (Navi: A-6991 Riezlern/Walserschanz 2). Von Sonthofen auf der B 19 kommend am Kreisverkehr kurz vor Oberstdorf (unmittelbar nach dem McDonald's) die erste Abfahrt Richtung Kleinwalsertal nehmen und nach ca. 6 km rechts zum Parkplatz.

Mit Bahn und Bus: Mit dem Zug bis Oberstdorf und von dort mit dem Walserbus 1 im 10-bis-20-Minuten-Takt bis zur Haltestelle Walserschanz.

Alternativer Ausgangspunkt: Gebührenpflichtiger Großparkplatz in Tiefenbach beim Gasthaus Breitachklamm, 850 m (Navi: D-87561 Oberstdorf/Klammstr. 45). Auf der B 19 von Norden kommend bis kurz vor Oberstdorf fahren. Unmittelbar vor dem McDonald's rechts abbiegen und beschildert entlang der Breitach zum Parkplatz. Mit Bahn und Bus: Vom Bahnhof Oberstdorf mit Bus 9744 bis Haltestelle Tiefenbach/Breitachklamm am unteren Klammeingang.

Gehzeit: 2.45 Std.
Distanz: 6,9 km.
Höhenunterschied: 230 m.
Ausrüstung: Trekkingsandalen; nach Starkregen Regenschutz für die Klamm empfehlenswert; Wechselkleidung für Spiel an der Breitach.

Anforderungen: Ab 4 Jahren. Gesicherte Wege und Stege in der Klamm, die allerdings nicht kleinkindsicher sind – kleine Kinder müssen hier an die Hand genommen werden. Die übrigen Wege verlaufen überwiegend im Wechsel zwischen Kies und Asphalt (großteils für den Verkehr gesperrt). Nur von Tiefenbach (alternativer Ausgangspunkt) kommend ist der Weg durch die Klamm (bis zum Felssturz – danach muss man mit Kinderwagen umkehren) kinderwagentauglich.

Breitachklamm: Während der Schneeschmelze im Frühjahr (variiert jährlich je nach Wetterlage) ist die Klamm gesperrt. Sonst geöffnet von Mai bis Oktober 9–17 Uhr (letzter Einlass) und von November bis April 9–16 Uhr (letzter Einlass). Eintrittspreise: Erwachsene 4,50 €, Kinder 1,50 €. Tel. +49 8322 4887, www.breitachklamm.com. Tipp: Besonders faszinierend ist die Breitachklamm auch im Winter, wenn die Felswände mit aus gefrorener Gischt geformten gigantischen Eisvorhängen überzogen sind.

Einkehr: Gasthaus Pension Breitachklamm, 850 m, Mittwoch Ruhetag, Übernachtungsmöglichkeit, Tel. +49 8322 4643, www.gasthaus-breitachklamm.de. **Berggasthof Sesselalpe**, 1000 m, geöffnet Anfang Mai bis Mitte Oktober, Donnerstag Ruhetag, Winterbetrieb ab Mitte Dezember, Übernachtungsmöglichkeit, Tel. +49 8322 4864, www.sesselalpe.de. **Gasthaus Alpe Dornach**, 1000 m, in der Sommersaison vom 1. Mai bis Anfang November (Ende Herbstferien Bayern) kein Ruhetag, im Winter (ca. 20. Dezember bis eine Woche nach Ostern) Montag Ruhetag, Ferienwohnungen und Zimmer, Tel. +49 8322 6630, www.alpe-dornach.de.

Abenteuerliche Konstruktion.

Kleinwalsertal

Hallo Kinder,

die Breitachklamm ist ein echtes Urgestein, weist sie doch ein biblisches Alter von mehr als 10 000 Jahren auf. So lange kann man sie allerdings noch nicht besichtigen. Das geht erst seit gut 100 Jahren. Damals war der junge Pfarrer Johannes Schiebel, der nicht nur gern wanderte, sondern auch kraxelte, so von ihrer Schönheit begeistert, dass er auf die Idee kam, die Klamm der breiten Öffentlichkeit zugänglich zu machen. Das geschah nicht ganz ohne Hintergedanken – er wollte auf diese Weise seinen armen Schäfchen auch eine zusätzliche Einnahmequelle sichern. Ein ganzes Jahr lang werkelten 20 Leute unter teils lebensgefährlichen Bedingungen. Denn um die Schlucht begehbar zu machen, musste tonnenweise Gestein gesprengt werden. Hierzu wurden die mit Pickeln, Handbohrern, Dynamit und Zündschnur bewaffneten und lediglich an einem Seil hängenden Arbeiter in die Schlucht hinuntergelassen. Dort klopften sie an den entsprechenden Stellen Löcher in den Stein, steckten das Dynamit hinein und entzündeten die Sprengschnur. Dann konnten sie nur noch beten, dass ihre Kameraden am oberen Rand der Schlucht sie schneller wieder hinaufzogen, als die brennende Lunte die Sprengladung erreichte. War es ein Wunder oder Gottes schützende Hand, dass damals nichts passierte? Auf jeden Fall hatte der junge Pfarrer im wahrsten Sinne des Wortes eine zündende Idee gehabt, denn bereits 17 Jahre später überstieg die Anzahl der jährlichen Besucher das Alter der Klamm, und bis heute hat sich daran nichts geändert.

Vom **Parkplatz Walserschanz (1)** geht es auf einem gut ausgebauten, aber steilen Weg, zwei Mal einen Bach überquerend, hinunter zur **Breitach**. Hier wenden wir uns rechts und befinden uns sogleich am Beginn der hier noch nicht kostenpflichtigen Klamm. Abenteuerlich zieht sich nun ein Bretterweg, der von rechtwinklig in das Gestein geschlagenen Metallstangen gehalten wird, an der rechten Flussseite entlang. Der Weg ist mit einem Geländer gesichert, das allerdings nicht kleinkindsicher ist, daher müssen hier kleinere Kinder unbedingt an die Hand genommen werden! 700 m später stehen wir am **oberen Kassenhäuschen (2)** der Klamm, entrichten unseren Obolus, gehen im spitzen Winkel durch das Drehkreuz und kommen über viele Treppenstufen hinunter in das faszinierende Herzstück der **Klamm**. Links von uns können wir hier gleich zu Beginn die großen Felsbrocken sehen, die bei dem Felssturz von 1995 in die Klamm gestürzt sind. Unter uns rauscht das Wasser in dem engen Felskanal ungebändigt und sprudelnd abwärts, nach der Schneeschmelze und starken Regenfällen tobt es richtiggehend durch die imposante Schlucht. Wir überqueren die Breitach auf einer Brücke. Wer entdeckt wohl als Erster den Zwing-

150 Meter tief hat sich das Wasser in der Klamm in das Gestein gefressen.

Kleinwalsertal

Spielen an der Breitach.

steg, der hoch über uns die beiden Klammseiten verbindet? – über diese Brücke bestreiten wir später unseren Rückweg. Wir wechseln die Flussseite, staunen über die schier unglaublichen Hochwassermarkierungen sowie einen hinabgestürzten Felsbrocken, der sich zwischen den engen Felswänden über uns verkeilt hat. Wir wechseln erneut die Seite, das Wasser strömt nun etwas ruhiger von Strudelloch zu Strudelloch. Schließlich weitet sich das Flussbett wieder und wir erreichen in 10 Minuten das untere Kassenhaus (3). Hier können wir einen 15-minütigen Film über die Breitachklamm ansehen und an einem Modell ausprobieren, wie sich die Breitach bei Hochwasser in der Klamm verhält. Wir gehen über den Parkplatz, können im Gasthaus Breitachklamm einkehren und spazieren ein kurzes Stück die Straße entlang. Nach 200 m zweigt links im spitzen Winkel ein Weg ab, hier biegen wir ein und wandern nun steil bergan. Nach 20 Minuten erreichen wir eine Wegkreuzung, rechts könnte man einen Abstecher zur 10 Minuten entfernt liegenden Sesselalpe machen. Wir wenden uns aber links (Beschilderung »Breitachklamm – Zwingsteg«), kommen auf der kleinen Asphaltstraße am Abzweig zur etwas erhöht liegenden, bewirtschafteten Alpe Dornach (4) mit ihrem Spielplatz vorbei und biegen bei nächster Gelegenheit links in einen breiten für Radfahrer gesperrten Weg ein (»Zwingsteg«).

15 Minuten später stehen wir bereits auf dem Zwingsteg (5) hoch über der Breitach. Wer sich traut hinabzusehen, wird mit einem atemberaubenden Blick in die Klamm belohnt. Das Geländer ist allerdings auch hier nicht kleinkindsicher!

Hunderte von Steinmännchen warten jeden Sommer am Ufer.

Nach der Brücke wenden wir uns rechts, steigen unzählige Treppen zur **oberen Kasse (2)** hinunter (Achtung, der Weg wird im Sommer um 17.30 Uhr verschlossen, im Winter bereits um 16.30 Uhr – wer zu spät kommt, muss den vom Zwingsteg nach oben zur Walserschanz führenden Weg benutzen!) und wandern auf dem vom Hinweg bekannten Bretterweg entlang der Schlucht zurück. Bevor wir aber wieder zur Walserschanz hinaufsteigen, müssen wir unbedingt noch einen Abstecher zur anderen Breitachseite machen. Nach dem Frühlingshochwasser werden dort Jahr für Jahr Hunderte von Steinmännchen errichtet. Nach Überqueren der **Brücke** führt der Weg erst über eine Metallkonstruktion weiter, bevor er dann als Kiesweg neben der Breitach verläuft. Wir kommen zu einer gut zugänglichen Stelle am Fluss, an der man bei Normalwasser sehr schön rasten kann, während die Kinder zwischen den großen und kleinen Steinen in Wassernähe spielen können. Die unzähligen **Steinmännchen (6)** befinden sich noch ein Stück weiter flussaufwärts an einem breiten Kiesstrand. Dort kommen wir aus dem Staunen nicht mehr heraus! Eine richtige Steinmännchenarmee erwartet uns dort im Sommer. Es versteht sich von selbst, dass nun jeder sein eigenes Steinmanderl bauen möchte. Wer schafft wohl die höchste, wer die originellste Konstruktion?

Auf dem bereits bekannten Weg geht es dann in gut 20 Minuten wieder zurück zur **Walserschanz (1)**.

HIGHLIGHTS

★ Spannender Besuch der Breitachklamm mit tosendem Wasser und sensationellen Felskompositionen.
★ Einkehrmöglichkeit (auch Eis) mit Spielplatz an der Alpe Dornach.
★ Spielmöglichkeit (z. B. Staudämme bauen) an der Breitach.
★ Hunderte von Steinmännchen im Sommer an der Breitach.

Oberstdorf

12 ▸ Höhenweg nach Riezlern

Von der Söllereckbahn-Bergstation ab 6 J.

Sommerrodelbahn und gemütlicher Panoramaweg

Immer wieder ist zu lesen, der gut ausgebaute Höhenweg von der Söllereckbahn-Bergstation nach Riezlern biete sich besonders bei schlechtem Wetter an. Das ist sicherlich richtig – wenn die Wolken tief hängen, verschiebt man eine Gipfeltour besser auf einen anderen Tag. Viel schöner aber ist es natürlich, auch diese Wanderung bei gutem Wetter anzugehen, zumal uns neben mehreren gemütlichen Einkehrmöglichkeiten mit schönen Wirtsgärten auch herrliche Blicke ins Kleinwalsertal und auf die darüber hoch aufragenden Berge erwarten. An der Söllereckbahn-Zwischenstation begeistern die Kinder zudem die Sommerrodelbahn und ein Spielplatz, und an der Bergstation der Söllereckbahn lockt Deutschlands höchstgelegener Waldseilgarten. Am Ende der Wanderung kann man dann dem großen, sehr schönen Spielplatz im Kurpark von Riezlern noch einen Besuch abstatten, bevor es mit dem Walserbus 1 wieder zum Parkplatz an der Söllereck-Talstation zurückgeht. Und wer am Rückweg noch immer nicht genug hat, kann zum Abschluss auch noch die großartige Breitachklamm besuchen (Variante 1).

KURZINFO

Talort: D-87561 Oberstdorf.
Ausgangspunkt: Großer kostenloser Parkplatz der Söllereckbahn links und rechts der B19, 984 m (Navi: D-87561 Oberstdorf/Kornau-Wanne). Von Sonthofen auf der B 19 kommend am Kreisverkehr kurz vor Oberstdorf (unmittelbar nach dem McDonald's) die erste Abfahrt Richtung Kleinwalsertal nehmen, auf der B 19 nach ca. 3 km unter der Sommerrodelbahn hindurchfahren und ca. 400 m später zum Parkplatz.
Mit Bahn und Bus: Mit dem Zug bis Oberstdorf und weiter mit dem Walserbus 1 im 10-bis-20-Minuten-Takt zur Haltestelle Söllereckbahn.
Gehzeit: 2.30 Std.
Distanz: 5,7 km.
Höhenunterschied: Aufstieg 140 m, Abstieg 420 m.
Ausrüstung: Gut profilierte Trekkingsandalen oder Bergschuhe, eventuell Badesachen für Freibad Riezlern oder Freibergsee (Variante 3).
Anforderungen: Ab 6 Jahren. Wanderung auf breiteren Wegen ohne Absturzgefahr, kinderwagengeeignet.
Bergbahn: Gondelbahn Söllereckbahn, Sommerbetrieb von Anfang/Mitte Mai bis Anfang November (bis zum Ende der bayerischen Herbstferien) täglich 9–17 Uhr, Tel. +49 8322 98756 www.familienberg-soellereck.de.
Einkehr: Berggasthof Seeweg, 1013 m, Tel. +49 8322 2245, kein Ruhetag, Sommerbetrieb von Anfang/Mitte Mai bis Anfang November, Übernachtungsmöglichkeit, www.seeweg.de.
Alpengasthof Heimspitze, 1013 m, Tel. +49 8322 4383, ganzjährig geöffnet, kein Ruhetag, Übernachtungsmöglichkeit, www.heimspitze.de. **Berghaus Schönblick**, 1358 m, im Sommerhalbjahr täglich geöffnet von Mitte Mai bis Anfang November (Ende der bayerischen Herbstferien), Übernachtungsmöglichkeit, Tel. +49 8322 4030, www.berghaus-schoenblick.de. **Berghaus am Söller**, 1380 m, ganzjährig geöffnet, kein Ruhetag, Übernachtungsmöglichkeit, Tel. +49 8322 3341, www.berghaus-amsoeller.de. **Alpe Schrattenwang**, 1433 m, geöffnet im Sommer von Mitte Mai bis Anfang November, kein Ruhetag, Tel. +49 8322 8198, www.alpe-schrat-

Wunderschöner Rastplatz mit Ausblick ins Kleinwalsertal.

tenwang.de. **Mittelalpe**, 1316 m, geöffnet von ca. Anfang Mai bis Oktober (genaue Info unter »Aktuelles« auf der Homepage), Dienstag Ruhetag, Tel. +43 664 4825474, www.mittelalp.at. **Bergstüble**, 1232 m, geöffnet im Sommer von Christi Himmelfahrt bis Allerheiligen, kein Ruhetag, Tel. +43 5517 6380, www.bergstueble.de.
An Variante 3: **Berghütte Hochleite**, 1186 m, Dienstag Ruhetag, ganzjährig geöffnet, April, Mai, November, Dezember zeitweise geschlossen, Tel. +49 8322 3390. **Berggasthof Bergkristall**, 1047 m, Montag Ruhetag, Tel. +49 8322 7059940.

Variante 1: Besuch der Breitachklamm (siehe S. 81).

Variante 2: Weg zur Kanzelwandbahn-Talstation: Wendet man sich nach dem Aussichtspunkt (6) kurz vor Riezlern links (Beschilderung »Kanzelwand-Bergstation«, später »Kanzelwand-Talstation«), kann man in einer guten halben Stunde auf einem schönen Weg – vorbei an einer Kneippanlage – zur Talstation und dem direkt gegenüberliegenden Freibad wandern. Am Freibad entlang geht es auch in wenigen Minuten zum Spielplatz im Kurpark. Rückfahrt mit dem Walserbus 1 ab Haltestelle Kanzelwandbahn.

Variante 3: Von der Bergstation der Söllereckbahn kann man über den Freibergsee zur Talstation der Söllereckbahn zurückwandern (ab 6 Jahren, rote Tour, Gehzeit 2.30 Std.). Hierzu folgen wir an der Bergstation den Schildern des Erlebnisweges (einige Mitmachstationen) bis zum Gasthof Hochleite. Hier links auf naturbelassenem, steilem Weg zum breiten Höhenweg über dem Freibergsee, links in diesen einbiegen und nach ca. 200 m links in den Edmund-Probst-Weg. Auf diesem leicht ansteigend zur Söllereckbahn-Zwischenstation und auf der Teerstraße hinunter zur Talstation.

Variante 4: Söllis Kugelrennen: Von der Söllereckbahn-Bergstation über den sogenannten Schönblickweg auf einer breiten Fahrstraße (ab 4 Jahren, Gehzeit 1.15 Std.) hinab zur Zwischenstation. Neben dem Weg verläuft auf drei Abschnitten eine insgesamt 200 m lange Holzkugelbahn. Die Kugeln bahnen sich ihren Weg über Elemente wie Trichter, Spirale, Xylophon, Wellenbahn, Glockenspiel, Säulenlabyrinth oder Kugelslalom auf ineinander verschlungenen und sich kreuzenden Wegen talwärts. Auf welcher Bahn ist wohl die Kugel am schnellsten unterwegs? Die Kugeln können sowohl an der Kasse der Talstation der Söllereckbahn als auch am Startportal der Kugelbahn erworben und als Souvenir mit nach Hause genommen werden.

Almabtrieb an der Alpe Schrattenwang.

Von der **Talstation der Söllereckbahn (1)** bringt uns die Gondel schnell hinauf zur **Bergstation (2)** mit dem Gasthaus Schönblick. Wir gehen zu dem Schilderbaum, wandern geradeaus in Richtung Kleinwalsertal und wenden uns dann gegenüber dem **Berghaus am Söller** nach rechts. Nach 15 Minuten leichten Aufstiegs auf dem breiten Weg kommen wir an der bewirtschafteten **Alpe Schrattenwang (3)**, 1433 m, vorbei, an der man täglich zwischen 8 und 10 Uhr beim Käsen zuschauen kann. Auf dem Weg sind wir mit Sicherheit nicht allein unterwegs, viele ältere Leute, aber besonders auch Familien mit Kindern und/oder Kinderwagen begleiten uns auf unserem Weg nach Riezlern oder kommen uns von dort entgegen. Kurz geht es durch ein Waldstück, dann wandern wir bei einem wunderschönen Blick ins Kleinwalsertal entlang herrlicher Almwiesen mit vielen glücklichen Allgäuer Kühen weiter. Nach 1.10 Std. Gesamtgehzeit kommen wir zur **Mittelalpe (4)**, 1316 m, in der wir uns mit leckerem Kuchen und einfachen Gerichten stärken können. Ein Stück weiter befindet sich rechts des Weges ein Marterl mit einer Rastbank mitten in der Weide. Hier kann man auf der leicht ansteigenden Wiese sehr schön rasten und den großartigen Blick hinunter nach Riezlern genießen. Am Wegesrand gibt es auch eine Wassertränke, die die Kinder magisch anzieht. Wir folgen weiter dem aussichtsreichen breiten Weg

Oberstdorf

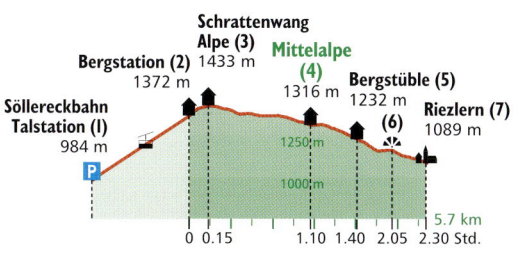

und kommen an eine Verzweigung. Hier halten wir uns links (»Bergstüble, Riezlern«) und erreichen kurz darauf das bewirtschaftete **Bergstüble (5)**, 1232 m, mit einem kleinen Spielplatz und einem großen Trampolin. Weiter geht es an dem Wirtshaus vorbei, etwa 10 Minuten später kommt auf dem asphaltierten Weg eine sehr steile Stelle, bei der man etwas aufpassen muss, wenn man mit dem Kinderwagen unterwegs ist (wir empfehlen das Kind hier zu tragen). An der nächsten Wegverzweigung könnte man die Tour abkürzen und nach rechts zur Bushaltestelle Unterwestegg (Walserbus Linie 1) gehen. Wir halten uns aber links und müssen nun erst wieder etwas ansteigen, bevor wir wieder abwärtsgehen, auf einer Holzbrücke einen Bach überqueren und zu einem **Aussichtspunkt (6)**, 1165 m,

Tiere am Wegesrand sind für Kinder immer ein Erlebnis.

kommen. Hier könnte man wiederum nach rechts – dieses Mal über einen schönen Waldpfad (nicht kinderwagengeeignet) – in einer Viertelstunde zur Bushaltestelle in Unterwestegg absteigen. Wir bleiben aber auf dem Weg und wandern in einer halben Stunde direkt nach Riezlern hinein. Hier in der Nähe der **Post (7)**, 1089 m, befindet sich auch ein großer gebührenpflichtigen Parkplatz, für diejenigen, die die Tour in umgekehrter Richtung (Beschilderung dann Mittelalpe bzw. Schönblick) angehen wollen. Für die Kinder gibt es in Riezlern einen sehr schönen, großen Spielplatz mit Bachzugang im Kurpark (siehe Freizeittipp I, S. 147), den man erreicht, indem man sich links wendet, etwa 150 m nach der Kirche rechts in den Felderweg einbiegt und sich nach 250 m wiederum rechts hält. Mit dem Walserbus 1 (10-bis-20-Minuten-Takt) fahren wir dann von der Haltestelle Gemeindeamt an der Kirche zur Söllereckbahn-Talstation zurück, wo wir im Berggasthof Heimspitze oder im Gasthof Seeweg einkehren, Sommerrodelbahn fahren und den Kindern beim Erkunden des Spielplatzes zusehen können.

Kindermagnet: das große Trampolin am Bergstüble.

Oberstdorf

Variante Breitachklamm: Die Runde lässt sich gut mit dem Besuch der Breitachklamm kombinieren, wenn man dieses Naturschauspiel nicht schon auf der als Tour 11 dargestellten großen Runde erlebt hat. Hierzu steigt man bei der Rückfahrt mit dem Walserbus 1 von Riezlern zur Söllereckbahn an der Station Walserschanz aus und wandert wie bei Tour 11 beschrieben zur Breitachklamm und durch diese hindurch. Weitet sich das Flussbett wieder, machen wir kehrt und spazieren zur oberen Kasse zurück. Wir gehen diesmal durch das Gebäude und steigen über gefühlte 1000 Stufen hinauf zur spektakulären Klammbrücke (Zwingsteg), die man von unten bereits sehen konnte. Von der Brücke gehen wir ein Stück zurück und steigen nun auf einem steilen Weg weiter bergan, bis wir zu einer Wegverzweigung kommen. Hier müssen wir uns entscheiden, ob wir nach rechts in 10 Minuten zur Walserschanz (»Kleinwalsertal, Bushaltestelle«) zurückwandern oder uns links halten (»Kornau Söllereckbahn«) und in einer halben Stunde gleich zu unserem Parkplatz marschieren. Sind die Kinder noch fit, entscheiden wir uns für Letzteres (Hinweis: Bus ist ab Walserschanz auch für Allgäu-Walser-Card-Besitzer kostenpflichtig) und erreichen über breite Wege in einem leichten Auf und Ab wieder den Parkplatz an der Söllereckbahn.

HIGHLIGHTS

★ Sommerrodelbahn SöllereckRodel und großer Spielplatz (teilweise inmitten der Sommerrodelbahn) mit Wasserspielplatz, Kletterspinnennetz, Seilbahn, Holzpistenraupe Rutsche und Schaukeln (siehe Freizeittipp P, S. 150).
★ Deutschlands höchster Kletterwald an der Bergstation der Söllereckbahn (Freizeittipp O, S. 148).
★ aussichtsreiche, gefahrlose Wanderung mit vielen Kühen und mehreren Einkehrmöglichkeiten (Trampolin am Bergstüble).
★ Alpe Schrattenwang: Möglichkeit, beim Käsen zuzuschauen, von Juni bis September täglich 8–10 Uhr.
★ Sehr schöner, großer Spielplatz mit Bachzugang im Kurpark von Riezlern (siehe Freizeittipp I, S. 147).
★ Schönes Freibad in Riezlern an der Kanzelwandbahn-Talstation (siehe Freizeittipp D, S.143).
★ Eventuell Erweiterung der Tour um die Breitachklamm.

Hallo Kinder,

der Weg, auf dem wir heute wandern, war früher die wichtigste Verbindung zwischen Oberstdorf und Riezlern. Auf ihm wurde Getreide und Salz in das Kleinwalsertal gebracht, während Käse und Schmalz nach Oberstdorf transportiert wurden. Erst als im Jahr 1739 die neue Straße (jetzt B 19) gebaut wurde, verlor der Höhenweg immer mehr an Bedeutung. Heutzutage wird er jedes Jahr von vielen Tausend Wanderern benutzt, die neben den vielen Kühen, den weiten Almwiesen und den schönen Einkehrmöglichkeiten (für euch Kinder gibt es in der Mittelalpe auch Eis) besonders auch die großartige Aussicht ins Kleinwalsertal bestaunen wollen.

Oberstdorf

13 Freibergsee, 931 m

Vom Parkplatz Höllwieslift   ab 6 J.

Blick von der Skiflugschanze.

Badeausflug und Skiflugschanze
Sich an einem heißen Tag in einem Gebirgssee abzukühlen, gefällt Kindern und Eltern gleichermaßen. Viele dieser Seen – so auch der Freibergsee – lassen sich allerdings nicht mit dem Auto ansteuern, sodass wir vor der Erfrischung erst einen kleinen Aufstieg in Kauf nehmen müssen. Wer will, macht noch eine Seeumrundung auf einem Höhenweg und kann dabei der Heini-Klopfer-Skiflugschanze – der drittgrößten Flugschanze der Welt – einen Besuch abstatten und mit einem Lift nach oben fahren. Der Hin- und Rückweg verläuft teilweise entlang der Stillach, hier kann man an der Brücke »Unterer Renksteg« bei Normalwasser schön auf der Kiesbank rasten und auf dem Rückweg an einigen weiteren Stellen Spielpausen einlegen. Direkt am Parkplatz wartet dann mit der Ziegelbachhütte noch eine Einkehrmöglichkeit auf die Familien.

Am Freibergsee gibt es einen Bootsverleih und ein Seebad.

KURZINFO

Talort: D-87561 Oberstdorf.
Ausgangspunkt: Großer kostenloser Parkplatz am Höllwieslift, 812 m (Navi: D-87561 Oberstdorf/Ziegelbach 1). Von Sonthofen auf der B 19 kommend am Kreisverkehr kurz vor Oberstdorf (unmittelbar nach dem McDonald's) die erste Abfahrt Richtung Kleinwalsertal nehmen und der Beschilderung Richtung Fellhornbahn folgen, indem man nach ca. 1,5 km links abbiegt, in die zweite Straße rechts einbiegt und dieser folgt. Nach ca. 2 km geht es rechts zum Parkplatz.
Mit Bahn und Bus: Mit dem Zug bis Oberstdorf und weiter mit dem Bus der Linie Oberstdorf – Birgsau oder Oberstdorf – Spielmannsau bis Haltestelle Unterer Renksteg. Hier der Beschilderung zum Freibergsee folgen, man trifft am Steilanstieg auf die Wanderer, die am Höllwieslift geparkt haben.
Gehzeit: 3.10 Std.
Distanz: 7,5 km.
Höhenunterschied: 250 m.
Ausrüstung: Gut profilierte Trekkingsandalen oder Bergschuhe, Badesachen.
Anforderungen: Ab 6 Jahren. Wanderung auf breiten, aber mitunter steilen Wegen.
Einkehr: Ziegelbachhütte, kein Ruhetag, Tel. +49 176 84842703. **Gasthaus Seeblick**, 970 m, kein Ruhetag, Tel. +49 8322 5408, www.freibergseeblick.de.

Kiosk an der Skiflugschanze, Öffnungszeiten und Tel. wie Flugschanze (siehe Hinweis). **Gaststätte Naturbad Freibergsee**, 935 m, kein Ruhetag, Tel. +49 8322 6069495.
Hinweis: Die Heini-Klopfer-Skiflugschanze ist in der Sommersaison von Mitte Mai bis Anfang November 9.30–17.30 Uhr, in der Wintersaison von Mitte Dezember bis Anfang April 9.30–16.30 Uhr geöffnet, Änderungen bei Schlechtwetter und Veranstaltungen, Tel. +49 8322 3891 oder 2855.

Vom **Höllwies-Parkplatz (1)** gehen wir die Zufahrtsstraße zurück und wenden uns nach etwa 100 m rechts in einen breiten Weg (schlecht zu erkennendes Hinweisschild am Baum: »Freibergsee«). Nach wiederum 100 m weist ein Schild zum See nach rechts, wir gehen aber geradeaus weiter und schwenken erst wenige Meter später nach rechts in den direkt an der Stillach entlangführenden Weg. Kurz darauf erreichen wir den **Unteren Renksteg (2)**, eine überdachte Holzbrücke.

Wir gehen geradeaus weiter und halten uns am nächsten Wegweiser rechts aufwärts Richtung Freibergsee. Nun folgt der sportliche Teil unserer Wanderung. Auf einem Kiesweg geht es relativ steil bergan. Einige Minuten später trifft der Weg vom Parkplatz Renksteg von unten auf unseren Weg, wir gehen geradeaus weiter und kommen ins Schwitzen, da der Weg jetzt noch steiler wird. Wir überqueren einen breiten Weg und stehen bald an einer Verzweigung. Hier folgen wir der Be-

Oberstdorf

Hallo Kinder,

der mit 18 Hektar Wasseroberfläche größte Allgäuer Gebirgssee ist in der letzten Eiszeit durch den Stillachgletscher entstanden. Wisst ihr, wie das vor sich ging? Gletscher entstehen bei uns dann, wenn im Gebirge mehr Schnee fällt, als wieder abtauen kann. Durch immer weitere Schneefälle wird der unten liegende Schnee zusammengedrückt und verdichtet, bis schließlich die Schneekristalle zu Gletschereis werden. Irgendwann ist das Gletschereis so schwer, dass die Berge es nicht mehr halten können, der Gletscher beginnt dann durch die Schwerkraft ins Tal zu wandern. Während der Eiszeit türmten sich das Eis und der Schnee des Stillachgletschers mehrere Hundert Meter hoch. Bei seiner Talwanderung riss er wie alle Gletscher große Mengen an Felsen und Geröll mit, die das weiche Flyschgestein auf dem Weg ins Tal ausschürften und so ein Seebecken aushoben. Der Freibergsee war geboren, als sich später das Schmelzwasser des abgetauten Gletschers in dem Seebecken sammelte.

schilderung zur **Heini-Klopfer-Skiflugschanze (3)**, 986 m, die wir über den steilen, oberhalb des Ostufers des Freibergsees durch Wald verlaufenden Dr.-Reh-Weg nach einer Viertelstunde erreichen. Hier gibt es einen kleinen Spielplatz und einen Kiosk. Mit einem Aufzug (kostenpflichtig) können wir – wie die Skispringer im Winter – auf die Schanze hinauffahren. Hier kann man nicht nur erleben, wie sich die Athleten vor dem Absprung wohl fühlen mögen, sondern auch einen herrlichen Blick auf den tief unter uns liegenden Freibergsee werfen.

Von der Skiflugschanze gehen wir wieder zum Spielplatz, schwenken mit dem Weg nach links und wenden uns kurz darauf rechts in den

breiten Weg, der uns nun im Auf und Ab im Uhrzeigersinn oberhalb des Sees entlangführt. Nach etwa 15 Minuten könnte man nach links und gleich wieder rechts in den Ziegelbachweg einbiegen, der uns auf einem steilen Weg schnell wieder zum Parkplatz bringt. Wir gehen aber geradeaus weiter, könnten 200 m später noch mal nach links in den Ziegelbachweg schwenken, gehen aber auch hier geradeaus weiter und kommen an eine Wegverzweigung. Links geht es hier in wenigen Minuten hinauf zum Gasthof Seeblick, wir wenden uns indes rechts hinunter zum 5 Minuten entfernten, kostenpflichtigen **Naturbad Freibergsee (4)**, 935 m. Dort warten eine schöne Liegewiese, ein Sprung-

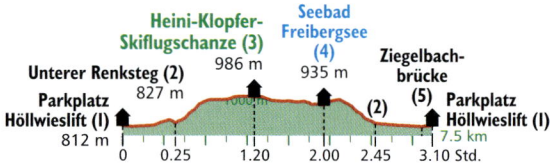

Oberstdorf

turm und ein etwa 80 cm tiefes Kinderbecken mit Seewasser. Der Zugang zum See erfolgt ausschließlich über an den Stegen angebrachte Leitern. Im Bad befindet sich ein Restaurant und ein Kiosk, neben dem Bad ist ein Tret- und Ruderbootverleih am flach abfallenden Ufer.

Für den Rückweg wählen wir den vom Bad nach rechts steil aufwärts führenden Weg und kommen wieder an die Stelle, an der wir am Hinweg den Dr.-Reh-Weg eingeschlagen haben. Wir wenden uns links und wandern nun auf bekanntem Weg hinunter zum **Unteren Renksteg (2)**. Wir überqueren die Stillach auf der Brücke, wenden uns links und wandern diesmal auf der anderen Flussseite auf einem schön ausgebauten Weg mit einigen Rastbänken flussabwärts. An einigen Stellen kann man bei Normalwasser zur Stillach hinuntersteigen und mit den Kindern an flachen Stellen durchs Wasser waten oder einen Staudamm bauen. Nach gut einem Kilometer gehen wir hinauf zur **Ziegelbachbrücke (5)**, überqueren die Stillach, wenden uns links, dann rechts und wieder links und kommen schnell zum **Parkplatz (1)**, wo wir noch in der **Ziegelbachhütte** einkehren können.

HIGHLIGHTS

★ Auffahrt mit einem Aufzug hinauf auf die Heini-Klopfer-Skiflugschanze; oben wartet eine tolle Aussicht, unten ein Kiosk und ein Spielplatz.

★ Naturbad Freibergsee (kostenpflichtig) mit Sprungturm, Kinderbecken, großer Liegewiese, Kiosk und Einkehrmöglichkeit; daneben befindet sich ein Bootsverleih.

★ Spielmöglichkeit an der Stillach bei Normalwasser.

Der Weg zum See führt auch an der Stillach entlang.

Oberstdorf

14 ▸ Über Fellhorn, 2038 m, und Schlappoldkopf

Von der Gipfelstation der Fellhornbahn ab 8 J.

Spannende Gratwanderung über die Sölleralpe

Am Fellhorn bieten sich viele Wandermöglichkeiten, so ist es nicht allzu weit bis zur Kanzelwandbahn-Bergstation mit dem bei Kindern beliebten Burmiwasser (siehe Tour 8) oder zum Kanzelwandgipfel, den man vom Burmiwasser in einer halben Stunde erreicht. Mit kleineren Kindern und Kinderwagen kann man bis zur Fellhornbahn-Mittelstation, der Station Schlappoldsee, fahren und dort den idyllischen See und die Alpe Schlappold besuchen (siehe ebenfalls Tour 8). Wir wollen allerdings heute eine etwas größere Wanderung von der Gipfelstation über Fellhorn und Schlappoldkopf auf dem aussichts- und blumenreichen Fellhorngratweg zur Sölleralpe unternehmen, um dann über einen Teil des Sölleck-Erlebnisweges und ein kleines Moor zum Gasthof Hochleite und zurück zur Fellhornbahn-Talstation zu kommen. Mit nicht so konditionsstarken Kindern besteht zwei Mal die Möglichkeit, über den Schlappoldsee oder die Alpe Schlappold abzukürzen und so zur Mittelstation der Fellhornbahn zu gelangen (siehe Variante 1).

KURZINFO

Talort: D-87561 Oberstdorf.
Ausgangspunkt: Gebührenpflichtiger Großparkplatz an der Fellhornbahn-Talstation, 914 m (Navi: D-87561 Oberstdorf/Faistenoy 10). Von Sonthofen auf der B 19 kommend am Kreisverkehr kurz vor Oberstdorf (unmittelbar nach dem McDonald's) die erste Abfahrt Richtung Kleinwalsertal nehmen und der Beschilderung zur Fellhornbahn folgen, indem man ca. 1,5 km nach dem Kreisverkehr nach links einbiegt, die zweite rechts fährt und ca. 7 km der Straße folgt.
Mit Bahn und Bus: Mit dem Zug bis Oberstdorf und weiter mit dem Bus der Linie Oberstdorf–Birgsau bis Haltestelle Fellhornbahn.
Gehzeit: 4.45 Std.
Distanz: 11,7 km.
Höhenunterschied: Aufstieg 140 m, Abstieg 1200 m.
Ausrüstung: Gut profilierte Bergschuhe sind Pflicht!
Anforderungen: Ab 8 Jahren. Die Wanderung erfolgt im ersten Teil auf dem relativ schmalen Gratrücken des Fellhorns. Trittsicherheit erforderlich! An schmalen/steilen Stellen kleinere Kinder an die Hand nehmen! Bei Nässe wegen Rutschgefahr mit Kindern nicht begehen! Im Übrigen bis zur Hochleite Wechsel aus Bergpfaden und Kieswegen, ab der Hochleite Kiesweg zurück zur Talstation der Fellhornbahn.
Bergbahn: Fellhornbahn, geöffnet von Mitte Mai bis Ende Juni 9–16.15 Uhr (letzte Talfahrt ab Mittelstation) und von Juli bis Anfang November 8.30–16.45 Uhr (letzte Talfahrt ab Mittelstation), Tel. +49 8322 96000, www.ok-bergbahnen.com.
Einkehr: Berggasthof Schlappoldsee (Mittelstation), 1780 m, geöffnet wie Bergbahn, kein Ruhetag, Tel. +49 8322 96002710. **Gipfelrestaurant Fellhorn**, 1967 m, geöffnet wie Bergbahn, kein Ruhetag, Tel. +49 8322 96002723. **Sölleralpe**, 1523 m, geöffnet von Anfang Juni bis Ende Oktober, kein Ruhetag, Tel. +49 8322 4971. **Berghütte Hochleite**, 1186 m, Dienstag Ruhetag, ganzjährig geöffnet, April, Mai, November, Dezember zeitweise geschlossen, Tel. +49 8322 3390.
An der Talstation: **Gaststätte Faistenoy**, geöffnet wie Bergbahn, Donnerstag Ruhetag außer feiertags, Tel. +49 8322 800744, www.gaststaette-faistenoy.de.

Auf dem Gratweg vom Fellhorn zum Schlappoldkopf.

An der Variante: **Alpe Schlappold**, 1703 m, geöffnet von Mitte Mai bis Ende Oktober, kein Ruhetag, Tel. +49 151 16584673, www.alpe-schlappold.de.

Variante 1: Vom Fellhorngrat bestehen zwei Abkürzungen (ab 6 Jahren, Kinder an schmalen und/oder steilen Wegstellen an die Hand nehmen) nach rechts auf einem jeweils deutlich sichtbaren Pfad hinunter zur Station Schlappoldsee (Mittelstation), 1780 m. Die erste führt ca. 800 m nach dem Fellhorngipfel nach rechts fast direkt hinunter zum sichtbaren Schlappoldsee und weiter rechts hinauf zur Mittelstation (Gesamtgehzeit ab Fellhornbahn-Gipfelstation ca. 1.30 Std.). Die zweite geht etwa 800 m nach dem unscheinbaren, kreuzlosen Schlappoldkopf vor einem kleinen Aussichtspunkt nach rechts hinunter zur bewirtschafteten Alpe Schlappold, 1705 m, mit Tieren und einem Spielplatz für kleinere Kinder. Von der Alpe etwa 50 m auf der oberen geteerten Straße südwestwärts, dann rechts in den Weg (»Fellhornbahn Station Schlappoldsee über Schlappoldsee«), der den Hang hinaufführt. Auf Pfaden erreichen wir 30 Min. nach der Alpe den Schlappoldsee, umwandern ihn halb entgegen dem Uhrzeigersinn und steigen auf kleinem Bergsteig hinauf zur Mittelstation mit Einkehrmöglichkeit und Spielplatz (u. a. Röhrenrutsche) (Gesamtgehzeit ab Fellhornbahn-Gipfelstation 2.30 Std.).

Variante 2: Wanderung von der Fellhornbahn-Gipfelstation über die Sölleralpe zur Söllereckbahn-Bergstation (ab 8 Jahren, Gehzeit 2.30 Std.), idealerweise mit Busanfahrt von Oberstdorf zur Fellhornbahn-Talstation. Wie in der Hauptroute beschrieben bis zur Sölleralpe. An dem 20 Min. später folgenden Rechtsabzweig der Hauptroute, gehen wir geradeaus weiter und in 10 Min. zur Bergstation der Söllereckbahn, an der ein großer Waldseilgarten (siehe Freizeittipp O, S. 148) auf die Familien wartet. Von dort mit der Gondel ins Tal, hier begeistern eine Sommerrodelbahn und ein schöner Spielplatz die Kinder. Rückfahrt nach Oberstdorf im 10-bis-20-Minuten-Takt mit dem Walserbus 1. Hat man das Auto an der Fellhornbahn stehen, steigt man an der Haltestelle Oberstdorf Busbahnhof in die Linie Oberstdorf–Birgsau zur Fellhornbahn-Talstation um.

Üppige Sommerblumenpracht.

Wir fahren mit der Großraumgondel von der **Talstation (1)** hinauf zur Mittelstation Schlappoldsee und steigen dort in die Gipfelbahn um, die uns auf 1967 m hinaufbringt. An der **Bergstation (2)** halten wir uns rechts und steigen über den blumengesäumten, gestuften Bergweg in einer Viertelstunde hinauf zum **Fellhorngipfel (3)**, 2038 m.

Dabei kommen wir auch an einem Fernrohr vorbei, mit dem man nicht nur die Berge, sondern auch direkt deren Namen sehen kann. Kurz vor dem Gipfelkreuz zweigt links ein Bergsteig ab, und wir können bereits unsere Route auf dem nun folgenden Gratweg erkennen. Hier ist Trittsicherheit gefragt, man darf nicht ins Stolpern kommen. In einem leichten Auf und Ab führt uns der Pfad über den Grat, und bald entdecken wir rechts unter uns den malerischen Schlappoldsee vor den aufgereihten Allgäuer Alpen. Hier könnte man die Tour das erste Mal abkürzen und auf einem Bergpfad direkt zu dem kleinen See hinunterwandern, der in der Nähe der Fellhornbahn-Mittelstation liegt. Wir bleiben aber auf dem Gratweg und erreichen nach 10 Minuten den kreuzlosen **Schlappoldkopf (4)**, 1968 m. 10 Minuten später könnte

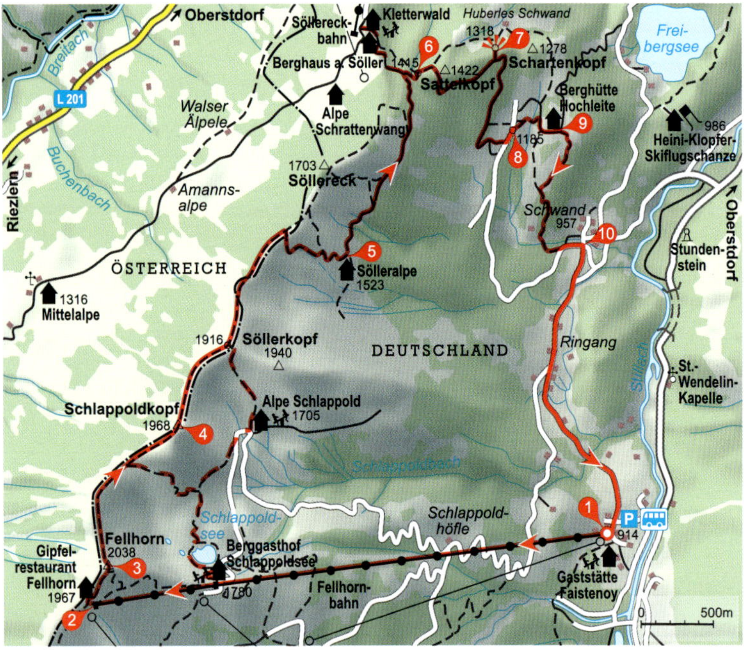

Durch Blumenfelder geht es Richtung Oberstdorf.

man nochmals – rechts in den abwärtsführenden Pfad schwenkend – über die Alpe Schlappold und weiter zur Mittelstation abkürzen (siehe Variante 1). Wir wandern indes geradeaus weiter, nun geht es bald abwärts bis zu einem Schilderbaum, der uns zur Sölleralpe (5) nach rechts weist. Nach 20 Minuten Bergabgehens stehen wir bereits vor der seit dem 14. Jahrhundert nicht mehr veränderten Alpe, in der es neben Brotzeiten auch Kuchen gibt. Von hier führt uns ein breiter Panoramaweg Richtung Söllereckbahn. Nach 20 Minuten – 10 Minuten vor Erreichen der Söllereckbahn – verlassen wir diesen Weg an einem Hinweisschild (»Fellhornbahn Talstation, Berggasthof Hochleite«) nach rechts in einen kleinen Pfad. Dieser führt uns direkt auf den ebenfalls von der Söllereckbahn kommenden Erlebnisweg zum Beginn des Hühner-

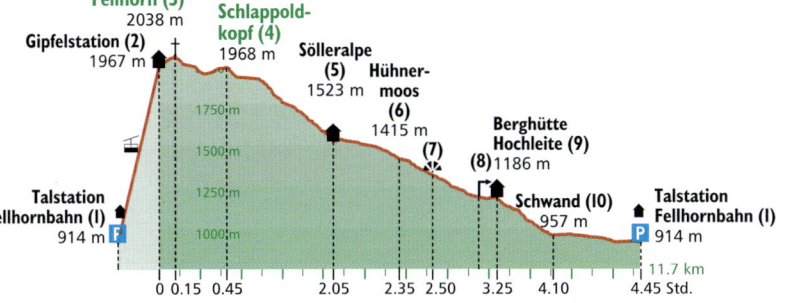

Wollgraswiese vor Allgäuer Bergwelt.

mooses (6), 1415 m. Wir schwenken nach rechts, können uns an einer Diasäule über die hier lebenden Pflanzen und Tiere informieren und wandern ebenerdig auf Holzbohlen – vorbei an einer Station mit Hörtrichtern – über das Moos. An dessen Ende weist ein Schild den Weiterweg nach rechts, nun geht es bald auf einem Kiesweg abwärts und es folgt eine Station mit einer Wippe, die einen riesigen Specht an einen Holzstamm klopfen lässt, sowie eine Klangstation. 5 Minuten später können wir nach links einen kurzen Abstecher zu einem schönen Aussichtsplatz (7) mit Sitzbänken und Gipfelbestimmungstafeln machen. Wieder auf dem Weg dreht dieser bald nach rechts aus dem Wald, und wir haben nun einen schönen Blick auf das Allgäuer Dreigestirn, bestehend aus Trettachspitze, Mädelegabel und Hochfrottspitze. Wir kommen wieder in den Wald, durchschreiten nach einem längeren Stück geradeaus – jetzt wieder im Licht – eine Linkskehre und können zu Beginn der nächsten Kehre links über die Wiese auf einem gut sichtbaren Pfad abkürzen. Wir stoßen auf eine Asphaltstraße, wenden uns hier links und wandern nun ein Stück aufwärts. Nach etwa 50 Metern kürzen wir nach rechts in einen weiteren unbeschilderten Pfad (8) ab und befinden uns plötzlich in einer malerischen Landschaft. Wir überqueren einen Bach, halten uns unmittelbar danach links und

Allgäuer Humor.

HIGHLIGHTS

★ Blumenreicher Gratweg mit herrlicher Sicht ins Allgäuer Voralpenland und ins Kleinwalsertal.
★ Bretterweg durchs Moor und einige (Mitmach-)Stationen auf dem Erlebnisweg zum Gasthof Hochleite.
★ Spielplatz mit Röhrenrutsche an der Fellhornbahn-Mittelstation (siehe Variante 1 und Kinderkasten).

wandern auf einem ein klein wenig abenteuerlichen Pfad hinauf zu einem Weg. Hier biegen wir rechts ein und kommen schnell zur **Berghütte Hochleite (9)**, 1186 m. Nun gehen wir rechts abwärts (»Fellhornbahn Talstation«) und spazieren jetzt auf einem Kiesweg hinunter bis kurz vor **Schwand (10)**. An der Wegverzweigung vor dem Weiler biegen wir rechts ein, halten uns an der darauffolgenden Verzweigung links und überqueren bald einen Bach, an dem wir noch einmal eine kleine Spielpause einlegen können. Kurz darauf bietet eine Bank an einem Ziegengehege eine Rastmöglichkeit,

Die Wippe setzt einen an den Baumstamm klopfenden Specht in Gang.

dann erreichen wir in einer guten Viertelstunde wieder die **Fellhorn-Talstation (1)**, wo mit der Gaststätte Faistenoy noch eine Einkehrmöglichkeit mit Spielplatz auf uns wartet.

Hallo Kinder,

an der Fellhornbahn-Mittelstation wartet auf euch die längste Riesen-Tunnelrutsche, die ich je gesehen habe. Da gehört schon eine Portion Mut dazu, die 26 Meter lange Rutsche hinunterzusausen. Ich habe mich bisher – ehrlich gesagt – noch nicht getraut. Es gibt dort aber auch eine Vogelnestschaukel für bis zu sechs Kinder, eine kleine Kletterwand, einen Kletterzirkus, eine Rutsche und eine Reifenschaukel, sodass ihr alle auf dem Spielplatz bestimmt euren Spaß haben werdet.

Oberstdorf

15 Einödsbach und Buchrainer Alpe, 1129 m

Von Birgsau durchs Stillachtal ab 6 J.

Traumblick und kristallklare Gebirgsbäche
Einödsbach ist die südlichste dauerhaft bewohnte Siedlung Deutschlands, auch wenn sie nur aus drei Häusern besteht. Das Wichtigste, das in Bayern in keinem Ort fehlen darf, ist aber freilich vorhanden – eine Kirche, die ehrlich gesagt nur eine Kapelle ist, und ein (großes) Gasthaus. Selbstverständlich fehlt auch ein kleiner Spielplatz nicht und von der sonnigen Terrasse des Gasthauses hat man einen herrlichen Blick auf das Allgäuer Dreigestirn, bestehend aus Trettachspitze, Mädelegabel und Hochfrottspitze. Von Einödsbach geht es auf einem schönen Bergsteig über die glasklaren Bäche Bacherloch- und Rappenalpbach hinüber auf die andere Seite des Rappenalptales. Hier wartet eine Einkehr in der urigen Buchrainer Alpe – ebenfalls mit fantastischem Blick auf das Allgäuer Dreigestirn und mit einem an heißen Tagen zum Spielen einladenden Wassertrog und Pferden auf der Weide –, bevor es wieder nach Birgsau mit weiteren Einkehrmöglichkeiten zurückgeht.

Am Berggasthaus Einödsbach gibt es auch einen kleinen Spielplatz.

KURZINFO

Talort: D-87561 Oberstdorf.
Ausgangspunkt: Bushaltestelle Birgsau-Eschbach, 967 m. Es besteht keine direkte Anfahrtsmöglichkeit mit dem eigenen Fahrzeug, da die Straße nach Birgsau für den allgemeinen Verkehr gesperrt ist. Letzte Parkmöglichkeit vor Birgsau am kostenpflichtigen Wanderparkplatz (von Oberstdorf kommend) links der Straße in der Nähe des Fellhornparkplatzes (Navi: D-87561 Oberstdorf/Birgsauerstraße). Von dort mit dem Bus im Halbstundentakt zum Ausgangspunkt oder Fußweg zum Ausgangspunkt ca. 45 Min. (siehe Variante). Anfahrt zum Wanderparkplatz siehe Tour 14.
Mit Bahn und Bus: Mit dem Zug bis Oberstdorf und weiter mit der Buslinie Oberstdorf–Birgsau im Halbstundentakt bis zur Endstation Birgsau-Eschbach.
Gehzeit: 2 Std.
Distanz: 5,2 km.
Höhenunterschied: 200 m.
Ausrüstung: Gut profilierte Trekkingsandalen, eventuell Wechselkleidung (wegen Rappenalpbach, Wassertrog an der Buchrainer Alpe).
Anforderungen: Ab 6 Jahren. Erst bis Einödsbach auf einem breiten Wirtschaftsweg, dann hinüber zum Rappenalpbach auf einem sehr schönen, kleinen Bergsteig. Kleinere Kinder beim Abstieg zum Bacherlochbach und auf den Brücken an die Hand nehmen. Rückweg auf einer für den allgemeinen Verkehr gesperrten Asphaltstraße.
Einkehr: Alpsennerei Eschbach, 967 m, geöffnet von Anfang Mai bis Ende Oktober, Tel. +49 8322 6383. **Berggasthaus Einödsbach**, 1113 m, ganzjährig geöffnet, Dienstag und Mittwoch Ruhetag, Betriebsruhe von ca. 20. Oktober bis 21. Dezember und 2–3 Wochen nach Ostern, Tel. +49 8322 98454. www.einoedsbach.de. **Buchrainer Alpe**, 1129 m, geöffnet von Anfang Mai bis Mitte Oktober, kein Ruhetag, www.alpe-buchrainer.de.
An der Variante: **Hotel Alpengasthof Birgsau**, 956 m, kein Ruhetag, Donnerstag erst ab 17 Uhr geöffnet, Tel. +49 8322 96900. **Landhaus Birgsau**, 956 m, kein Ruhetag, Tel. +49 8322 9876381.
Variante: Weg vom Wanderparkplatz (von Oberstdorf kommend links der Straße nach Birgsau auf der Höhe des Fellhornparkplatzes) zum Ausgangspunkt – wegen der dann auf ca. 4 Std. ansteigenden Gesamtlänge der Tour ist die Variante erst ab 10 Jahren zu empfehlen. Direkt am südlichen Ende des Wanderparkplatzes nimmt uns ein gekiester Wanderweg (Beschilderung: »Rappenalptal, Birgsau«) auf und führt sehr schön über saftige Wiesen auf die Berge zu. Wir stoßen auf einen anderen Kiesweg, halten uns links und kommen am Bergbauernhof Serafin vorbei, an dem wir handgemachte Stofftiere aus reiner Schafwolle kaufen können. Eine halbe Stunde nach unserem Abmarsch erreichen wir Birgsau mit seinen beiden Einkehrmöglichkeiten (hier auch Steckerleis). Wir folgen weiter dem Wegweiser ins Rappenalptal, spazieren an der Kapelle Birgsau vorbei und kommen zur Alpsennerei Eschbach. Durch den Gastgarten ginge es zur Bushaltestelle Birgsau-Eschbach, wir bleiben aber auf unserem Weg und treffen kurz darauf an einer Straßenkreuzung mit den Wanderern zusammen, die mit dem Bus gekommen sind.

Bergblick in Einödsbach.

Oberstdorf

Hallo Kinder,

das Berggasthaus Einödsbach liegt auf 1100 Meter so hoch, dass hier keine Wasserleitung und bis vor Kurzem auch keine Stromleitung hinaufführte. Das benötigte Wasser kommt aus zwei eigenen Bergquellen, der Strom wurde und wird auch heute noch mit einem kleinen Wasserkraftwerk gewonnen. Bei unserer heutigen Wanderung können wir beim Überqueren des Bacherlochbaches dabei zusehen, wie das durch die Einlaufrinne schießende Wasser zum Kraftwerk geleitet wird. Der Strom aus Wasserkraft reichte aber nie ganz aus, um alle Geräte im Haus zu betreiben, daher musste ein Dieselgenerator den noch zusätzlich benötigten Strom liefern. Im Jahr 2005 rutschte der Hang, in dem sich die Turbinenzuleitung befand, nach wochenlangen Regenfällen ab – damals konnte für zwei Jahre das Wasserkraftwerk nicht mehr betrieben werden. Im Jahr 2007 wurde dann entlang der Zufahrtsstraße eine Stromleitung nach oben gelegt und im Jahr 2009 das Wasserwerk repariert. Heute produziert das Wasserkraftwerk täglich 240 Kilowatt Strom – fehlender Strom kann nun aus der Stromleitung genommen werden, zu viel vom Wasserkraftwerk produzierter Strom (z. B. zur Zeit der Schneeschmelze) wird über die Stromleitung in das Netz eingespeist.

Zulauf zum Wasserwerk.

Von der **Bushaltestelle Birgsau-Eschbach (1)** gehen wir auf der für den allgemeinen Verkehr gesperrten Straße in Fahrtrichtung des Busses (von Oberstdorf kommend) weiter und erreichen bald eine größere **Wegkreuzung (2)**. Von links stoßen die Wanderer vom Parkplatz an der Fellhornbahn zu uns (siehe Variante), von rechts kommen wir auf dem Rückweg. Wir folgen indes der Beschilderung nach Einödsbach und wandern geradeaus weiter. Der Weg geht in einen breiten Kiesweg über, der uns nun durch Mischwald aufwärtsführt. Nach einer guten halben Stunde ist dieser nicht allzu spannende Wegabschnitt geschafft und wir befinden uns bereits in dem malerischen Weiler **Einödsbach (3)**, 1113 m, mit dem großen **Berggasthaus Einödsbach** und einem fantastischen Blick auf das immer wieder fotografierte Dreigestirn des Allgäuer Hauptkamms. Vom Wirtsgarten aus lässt sich diese wunderschöne Aussicht bei einer Einkehr am besten genießen – für die Kinder gibt es hier auch einen kleinen Spielplatz (Rutsche, Schaukel, Klettermöglichkeit).

Direkt vom Wirtsgarten führt ein schmaler Pfad (Beschilderung »Mindelheimer Hütte«) aufwärts. Nach wenigen Minuten warten nun zwei Rastbänke und ein schöner Blick hinunter zum Gasthof. Rechts zwischen den Bäumen entdecken wir bereits den Bacherlochbach und die kleine Brücke, die darüberführt. Wir gehen weiter und halten uns an der bald folgenden Verzweigung rechts (»Mindelheimer Hütte«) in einen abwärtsführenden Pfad. Wir kommen zum **Bacherlochbach (4)**, staunen über den Wasserfall zu unserer Linken und die Einlaufrinne zum Wasserkraftwerk des Wirtshauses zu unserer Rechten und spazieren über die kleine Holzbrücke.

Auf der anderen Bachseite geht es wieder aufwärts, wir passieren einen Zaundurchlass und folgen nun der Beschilderung »Rappenalptal (Fahrstraße)«. Der nun etwas breiter werdende Weg führt uns schön über eine saftige grüne Bergwiese, dann entdecken wir rechts bereits den **Rappenalpbach (5)** und eine über ihn führende kleine Brücke, zu der wir – uns rechts haltend – hintersteigen. Die auf zwei langen Baumstämmen liegende Brücke wackelt zur Freude der Kinder etwas beim Darüberschreiten, auf der anderen Bachseite wartet dann – bei Normalwasser – eine Kiesbank, auf der man eine schöne Pause, an dem fast immer kristallklaren Bach einlegen kann.

Abenteuerliche Brücke über den Rappenalpbach.

Spaß an der Buchrainer Alpe, im Hintergrund das Allgäuer Dreigestirn.

Nach der Rast gehen wir über die Wiese hinauf zu der kleinen für den Verkehr gesperrten Asphaltstraße, wenden uns rechts (»Birgsau ¾ h«) und wandern etwas ansteigend weiter. 10 Minuten später kommen wir zu einem Abzweig (6), ein Weg führt die wenigen Meter hinauf zur herrlich gelegenen Buchrainer Alpe (7), 1129 m, auf der neben Pferden und einem Wassertrog sehr leckerer Kuchen auf die Familien wartet. Von dem auf einer Wiese liegenden Wirtsgarten der uralten Alpe haben wir ebenfalls einen fantastischen Blick auf Trettachspitze, Mädelegabel und Hochfrottspitze.

Nach der Stärkung wandern wir die für den allgemeinen Verkehr gesperrte Asphaltstraße hinunter, überqueren den Rappenalpbach, der nun Stillach heißt und kommen zu der Wegkreuzung (2), die wir bereits vom Hinweg kennen. Hier laden Bänke zu einer Rast ein. Links erreichen wir dann in 5 Minuten wieder unseren Ausgangspunkt an der Bushaltestelle Birgsau-Eschbach (1) mit Einkehrmöglichkeit in der Alpsennerei Eschbach.

Wir können aber auch an der Wegkreuzung auf einem schönen Kiesweg weiter geradeaus nach Birgsau spazieren, wo noch zwei große

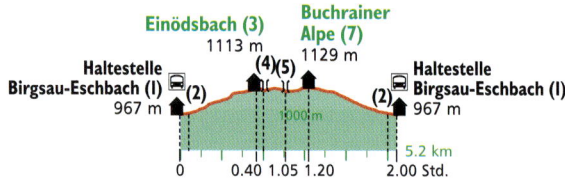

HIGHLIGHTS

★ Großartige Bergkulisse in Einödsbach und an der Buchrainer Alpe.
★ Kleiner Spielplatz in Einödsbach, an der Buchrainer Alpe lädt ein Wassertrog zum Spielen ein.
★ Wasserfall und kleines Wasserkraftwerk am Bacherlochbach.
★ Rast am kristallklaren Rappenalpbach.
★ Pferde an der Buchrainer Alpe.

Gasthäuser zu einer Einkehr einladen. Hält man sich dann in Birgsau links, erreicht man ebenfalls die Buslinie Birgsau – Oberstdorf an der Haltestelle Birgsau. Als eine weitere Möglichkeit bietet es sich an, auf dem in der Variante als Hinweg beschriebenen Weg durch das schöne Stillachtal zum Wanderparkplatz an der Fellhornbahn zurückzuwandern (Gehzeit etwa 45 Minuten), von dort fährt dann ebenfalls der Bus zurück nach Oberstdorf.

Kristallklare Stillach.

Blick ins frühlingshafte Stillachtal.

Oberstdorf

16 Gerstruben, 1155 m

Von der Bushaltestelle Christlessee ab 6 J.

Über den Hölltobel zum Museumsdorf

Seit einigen Jahren fährt von Oberstdorf ins schöne, für den allgemeinen Verkehr gesperrte Trettachtal mehrmals täglich ein Kleinbus auf den engen Straßen. Die neue Linie kommt so gut an, dass nun in der Hauptsaison oft zu einer Abfahrtszeit gleich zwei Kleinbusse fahren müssen, um alle Fahrgäste mitzunehmen. Ideal ist die Linie besonders auch für Familien, da man nun ohne langen Anmarsch direkt unterhalb von Gerstruben (Haltestelle Christlessee) die Wanderung beginnen kann. Der Aufstieg hinauf zu dem idyllischen Museumsdorf Gerstruben (Achtung: das Museumshaus hat nur einmal in der Woche geöffnet, derzeit Donnerstag 13–16 Uhr – bitte in der Touristinfo nachfragen) entlang des Dietersbaches durch den Hölltobel ist großartig und eröffnet fantastische Klamm- und Wasserfallblicke. Oben wartet auch eine Einkehrmöglichkeit, bevor es über den ebenfalls abwechslungsreichen Rautweg auf einem kleinen Pfad wieder ins Tal geht, wo noch der wunderschöne, kristallklare Christlessee die Familien zum Staunen bringt.

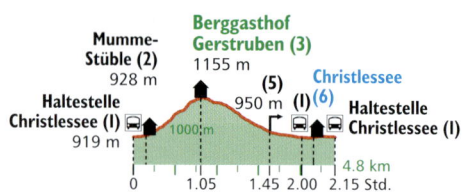

Malerisches Museumsdorf Gerstruben.

KURZINFO

Talort: D-87561 Oberstdorf.
Ausgangspunkt: Bushaltestelle Christlessee. Es besteht keine Anfahrtsmöglichkeit mit dem eigenen Fahrzeug, da die Straße ins Trettachtal für den allgemeinen Verkehr gesperrt ist. Mit dem Auto zum Bahnhof Oberstdorf, dort auf dem gebührenpflichtigen (teuer!) Parkplatz parken und weiter mit dem Bus Richtung Spielmannsau. Oder zum ebenfalls gebührenpflichtigen Parkplatz Unterer Renksteg (Navi: Nähe D-87561 Oberstdorf/Birgsauer Str. 35) und dort in den – hier aber bereits sehr vollen Bus – Richtung Spielmannsau einsteigen. Anfahrt zum Unteren Renksteg siehe Tour 13. Man fährt noch ca. 1,5 km am Abzweig zum Höllwieslift weiter. Der Bus verkehrt mehrmals täglich.
Mit Bahn und Bus: Mit dem Zug bis Oberstdorf und weiter mit der Buslinie Oberstdorf – Spielmannsau mehrmals täglich bis zur Haltestelle Christlessee.
Gehzeit: 2.15 Std.
Distanz: 4,8 km.
Höhenunterschied: 240 m.
Ausrüstung: Bergschuhe, eventuell Wechselkleidung bei Spielen am Bach, Wassertrog, Christlessee.
Anforderungen: Ab 6 Jahren. Aufstieg über den Hölltobel auf einem mitunter steilen Bergsteig mit (an einer Stelle) geländerartiger Drahtseilsicherung. Drei Aussichtsplattformen haben kein kleinkindsicheres Geländer – hier unbedingt kleine Kinder an die Hand nehmen! Abstieg über ein kurzes seilgesichertes

Faszinierender Hölltobel.

Stück (Achtung, hier bei Nässe Rutschgefahr!) – danach gut zu begehender Bergpfad und Kiesweg zum Ausgangspunkt.
Einkehr: Mumme-Stüble, 926 m, ganzjährig geöffnet (außer Betriebsferien), Mittwoch Ruhetag, Tel. +49 8322 959002. **Berggasthof Gerstruben**, 1155 m, geöffnet 1. Mai bis 31.Oktober, Mittwoch Ruhetag, Tel. +49 8322 959290. **Café Restaurant Christlessee**, 916 m, geöffnet von ca. 20. Dezember bis zum 2. Sonntag im November, Do. und Fr. Ruhetag, Tel. +49 8322 606090, www.christlessee.de.

Nach dem Ausstieg aus dem Bus an der Haltestelle Christlessee (1) überqueren wir die Straße, spazieren über die Trettachbrücke und gehen weiter, bis wir auf den Weg treffen, der von Oberstdorf zur Spielmannsau führt. Wir folgen der Beschilderung »Oberstdorf, Gerstruben ¾ Stunden« nach links. (Achtung: Rechts ist der Weg ebenfalls nach Gerstruben ausgeschildert – von hier kommen wir auf dem Rückweg.) Nach wenigen Minuten erreichen wir das Mumme-Stüble, wenige Meter später zweigt rechts ein kleiner Pfad (2) ab (»Gerstruben ü. Hölltobel«). Dieser führt uns entlang einer Weide geradewegs in den Wald und zur ersten schönen Stelle des Dietersbaches. Über größere Steine bahnt sich das Wasser malerisch seinen Weg ins Tal. Man kann

Oberstdorf

Natürlicher Liegestuhl.

HIGHLIGHTS

★ Abwechslungsreicher, spannender Pfad mit Zugang zum Bach (Spielmöglichkeit) und drei großartigen Aussichtspunkten in eine Klamm und auf zwei imposante Wasserfälle.
★ Sehenswertes idyllisches Bergdorf Gerstruben mit Wassertrog und einem kostenlos zu besichtigenden (Spende erbeten), voll eingerichteten Museumshaus (nur an einem Tag in der Woche geöffnet, bitte in Touristinfo nachfragen; siehe auch Kinderkasten).
★ Viele Kühe auf der Weide, Ziegengehege und Spielplatz am Café Christlessee.
★ Besuch des kristallklaren Christlessees mit seinen versunkenen Baumstämmen am Ende der Tour.

hier direkt an den Bach herantreten, wir empfehlen aber, nicht die erste steile und etwas rutschige Möglichkeit zu nehmen, sondern ca. 20 Meter weiterzugehen und erst dort auf einem nur leicht abschüssigen Pfad zum Wasser hinunterzugehen.

Wieder auf dem Weg erreichen wir bald eine Stelle, an der wir von der Seite direkt in die schmale, tief eingeschnittene Klamm hineinschauen können, und entdecken eine Brücke, auf der die Wanderer stehen, die bereits von oben in die Klamm hineinsehen. Ein Bergsteig führt uns dort hinauf, die Brücke entpuppt sich als spannender Aussichtspunkt, den man direkt über die Klamm gelegt hat. Es ist faszinierend zu sehen, wie sich hier direkt unter uns das Wasser mit der Zeit in den Fels hineingefressen hat. Der Steig führt uns weiter zu einer zweiten Plattform, von der man (leider im mittleren Bereich durch das Gelände verdeckt) einen imposanten Wasserfall bestaunen kann. 10 Minuten später stehen wir an einem Felsen an einer Verzweigung, hier müssen wir unbedingt die paar Meter entlang einer geländerartigen Drahtseilsicherung zu dem hier ausgeschilderten Aussichtspunkt hinaufsteigen. Großartig stürzt dort der Dietersbach durch einen halbkreisförmigen Kessel ca. 15 Meter in die Tiefe in eine große Gumpe. Wieder auf dem Weg treffen wir nach einigen Metern an der

»Ziegenfütterung« im Museumshaus.

rechten Wegseite auf einen wundersam zu einem Sitz gebogenen Baumstaum, in den größere Kinder mit etwas Geschick (und eventuell Sicherung durch die Eltern) hineinklettern können. Nun ist es nicht mehr weit bis Gerstruben. 15 Minuten später stehen wir bereits an der Teerstraße, über die man auch von Oberstdorf kommend mit dem Kinderwagen – gute Kondition, gute Bremsen und Handschlaufe vorausgesetzt – in das Museumsdorf fahren kann, wenden uns rechts und erreichen in wenigen Minuten das uralte Bergdorf. Etwas oberhalb thront der **Berggasthof Gerstruben (3)**, 1155 m, – dort gibt es auch Eis zum dortigen Verzehr. Direkt vor dem Gasthof und etwas weiter unten am Weg steht aber auch je eine Rastbank, an der man Brotzeit machen kann. Besonders das Museumshaus ist farbenfroh mit Sommerblu-

Hallo Kinder,

im Museumshaus in Gerstruben kann man sehen, wie früher eine Familie in den Bergen gewohnt hat – da darf natürlich auch das Spielzeug, das die Kinder damals gehabt haben, nicht fehlen. Besonders liebevoll gestaltet ist in dem Museumshaus übrigens der Stall des Bauernhofes, hier stehen (fast) lebensgroße Holztiere mit ihrem Nachwuchs zwischen Heu und Stroh in den Boxen. Diese sind so nett gemacht, dass man sich am liebsten gleich eines mit nach Hause nehmen möchte – das müsst ihr euch unbedingt ansehen.

Marienkapelle und Höfats.

men geschmückt, ein malerischer Platz mitten in den Bergen. Der Besuch des Hauses ist kostenlos, wer möchte kann eine kleine Spende zum Erhalt des Hauses und des Inventars leisten.

Für den Rückweg bieten sich nun zwei Alternativen an, die später wieder zusammenlaufen. Entweder gehen wir an dem kleinen Kircherl vorbei und wenden uns dann rechts in einen breiten Weg mit der Beschilderung »Rautweg über historische Säge« (hier kann man das Wasser an der Säge über eine Rinne hinunterstürzen sehen) oder wir wählen gleich nach dem Museumshaus den rechts abzweigenden Pfad (»**Rautweg**, Spielmannsau – Christlessee«), der kürzer und für Kinder spannender ist. Wir entscheiden uns für letztere Möglichkeit, spazieren den **Erdpfad (4)** zwischen den Weiden hinunter, kommen in den Wald und steigen dann über den jetzt felsigen Weg mit einigen harmlosen Drahtseilsicherungen (aber Achtung, es besteht Rutschgefahr, da der Boden feucht ist!) hinunter zum **Dietersbach**. An heißen Sommertagen ist die Kiesbank am Bach ein willkommener und idyllischer Rastplatz. Wir überqueren den Bach auf einer kleinen Brücke und gewinnen wieder an Höhe, bevor es auf einem natürlichen Erd-/Wiesen-/Wurzelpfad zu der Stelle geht, an der die beiden Rautwege wieder zusammenlaufen. Hier gehen wir geradeaus weiter in den Wald und steigen nun auf einem kleinen Waldpfad in einer guten halben Stunde hinunter bis zu dem **Kiesweg (5)**, der von der Spielmannsau hierherführt. Wir biegen rechts ein und treffen 10 Minuten später wieder auf die Straße, die zur **Bushaltestelle Christlessee (1)** führt. Haben wir noch Zeit und Lust, überqueren wir die Straße, gehen geradeaus weiter und kommen schnell zum **Café Restaurant Christlessee** mit seinem schönen Spielplatz und einem Ziegengehege (hier gibt es auch Steckerleis!). Halten wir uns an der Verzweigung vor dem Restaurant links (»zum See«) können wir noch einen sehr lohnenden Abstecher zum **Christlessee (6)** machen. In dem kleinen See befinden sich seit mindestens 200 Jahren einige Baumstämme, die man in dem herrlich grün-blau schimmernden, glasklaren See am Grund liegen sehen kann. Einige Rastbänke laden zum Verweilen ein. Zurück zur Bushaltestelle Christlessee geht es dann an der Nordseite des Sees entlang über eine kleine Brücke (von hier kann man einen ganz besonderen Baumstamm im Wasser sehen) und geradeaus weiter, dann mit dem Weg erst rechts-, dann linksdrehend zur Straße, auf der der Bus verkehrt. Links kommen wir in wenigen Minuten zur Bushaltestelle.

Oberstdorf

Oytalhaus, 1010 m

17

Von der Oybele-Festhalle   ab 10 J.

Talfahrt mit dem Bergroller
Für viele ist das Oytal das schönste der Oberstdorfer Täler, hier reihen sich im Talschluss mit dem Schneck und dem Großen und dem Kleinen Wilden besonders markante Berge auf. Der Aufstieg zum Oytalhaus erfolgt entweder über den Dr.-Hohenadl-Weg entlang des munter dahin plätschernden Oybaches, oder auf einer kleinen für den Verkehr gesperrten Asphaltstraße, die wegen des fantastischen Bergpanoramas auch ihren Reiz hat. Oben am Oytalhaus freuen sich die Kinder über

Das Oytalhaus lädt zur Einkehr.

den Spielplatz mit Piratennetz und kleiner Kletterwand. Auf die größeren Kinder (siehe Kinderkasten) wartet dann ab 15 Uhr noch die mit Spannung erwartete, schöne Abfahrt mit einem Bergroller vom Oytalhaus bis hinunter nach Oberstdorf zur Nebelhornbahn. Fährt man nicht mit dem Roller ins Tal, empfiehlt es sich, wegen des besseren Bergblicks die Tour in umgekehrter Richtung zu gehen (siehe Variante).

Schöner Anstiegsweg entlang des Oybaches.

Oberstdorf

KURZINFO

Ausgangspunkt: Großer gebührenpflichtiger Parkplatz an der Oybele-Festhalle, 833 m (Navi: D-87561 Oberstdorf/ Am Faltenbach 4), in der Nähe der Nebelhornbahn-Talstation, an der es weitere Parkplätze gibt. Auf der B 19 bis Oberstdorf, am zweiten Kreisverkehr nach dem McDonald's die dritte Abfahrt nehmen und gleich wieder rechts abbiegend (Alpgaustraße) der Beschilderung zur Nebelhornbahn folgen. Dort gibt es ein Parkleitsystem, das zum Parkplatz an der Oybelehalle führt.

Mit Bahn und Bus: Vom Bahnhof Oberstdorf mit dem Ortsbus im 10-Minuten-Takt zur Nebelhornbahn oder zu Fuß in ca. 15 Min. durch den Ort (Fußgängerzone) und weiter auf der Oststraße, die nach der Brücke über die Trettach in die Straße »Am Faltenbach« übergeht. Nun gleich halb rechts über einen Kiesweg zur Oybele-Festhalle.

Gehzeit: 1.45 Std. bis zum Oytalhaus. Für die Abfahrt mit dem Roller bitte zusätzlich ca. 30 Min. einplanen.

Distanz: 5,6 km Fußweg und 5,6 km Rollerabfahrt.

Höhenunterschied: 210 m.

Ausrüstung: Trekkingsandalen.

Anforderungen: Ab 10 Jahren und 1,40 m Größe (vom Autor empfohlenes Mindestalter und -größe für Roller) – will man nicht Roller fahren, ist die ungefährliche Wanderung ab ca. 8 Jahren möglich (Weglänge 11,2 km, siehe auch Variante). Der komplette Hin- und Rückweg ist kinderwagentauglich (geländegängiger Wagen für den Oytal-Rundweg im Bereich des Oytalhauses erforderlich).

Einkehr: Café Jägerstand, 853 m, Samstag Ruhetag, Tel. +49 8322 3440. **Oytalhaus**, ganzjährig geöffnet (Betriebsferien siehe Homepage), im Sommer kein Ruhetag, im Winter samstags, Tel. +49 8322 80381, www.berggasthof-oberstdorf.de. An der Variante: **Gasthof Pension Kühberg**, 901 m, Dienstag und Mittwoch Ruhetag, Tel. +49 8322 3323, www.kuehberg.de.

Variante: Runde in umgekehrter Richtung (empfehlenswert, wenn man nicht mit dem Roller abfährt). Direkt am Parkplatz an der Oybele-Festhalle weist das Schild »Restaurant Café Kühberg, Berggasthof Oytalhaus« in einen steil bergan führenden Kiesweg, der nach 10 Min. vorbei am Abzweig zum Gasthof Kühberg bis zu einer Asphaltstraße führt. Hier rechts und auf der für den allgemeinen Verkehr gesperrten Straße (Achtung, Anliegerverkehr, Pferdekutschen, Mountainbiker und Roller!) leicht bergan bis zum Oytalhaus. Für den Rückweg in umgekehrter Richtung dem in der Hauptroute beschriebenen Hinweg folgen, also über den »Oytal Rundweg« und den Dr.-Hohenadl-Weg zurück nach Oberstdorf.

Im Oytal: Schneck, Himmelhorn, Großer und Kleiner Wilder (v. l. n. r.).

Vom **Parkplatz** führt gegenüber der **Oybelehalle (1)** ein gekiester Fußweg fast unmittelbar zur großen Trettachbrücke, der sogenannten Mühlenbrücke. Wir überqueren diese und wenden uns direkt nach der Brücke nach links (Beschilderung: »Oytal ü. Jägerstand«) in den entlang der Trettach verlaufenden Fußweg. (Anmerkung: Man könnte auch bereits vor Überqueren der Brücke links schwenken und auf der anderen Flussseite entlangspazieren, dieser Weg ist aber nicht so schön.) Der etwas erhöht verlaufende, schattige Uferweg führt uns zum **Café Jägerstand (2)**. Hier gehen wir über die Trettachbrücke, wenden uns rechts und spazieren nun an der anderen Flussseite entlang. 300 m später zweigt unmittelbar vor der Brücke über den Oybach ein nach links führender Kiesweg ab (»Dr. Hohenadl-Weg, Berggasthaus Oytal«). Hier biegen wir ein und wandern nun entlang des Baches leicht bergan. Schon sind die Kinder hinunter auf die Kiesbank gesprungen und versuchen trockenen Fußes über einen durch die Kiesbank flie-

HIGHLIGHTS

★ Abwechslungsreicher Aufstieg entlang des Oybaches.
★ Herrlich gelegenes Oytalhaus mit Spielplatz mit Kletterwand, Piratennetz, Sandkasten und Rutsche.
★ Bis zum Frühsommer (Schneeschmelze) und nach starken Regenfällen sehenswerter Wasserfall gegenüber dem Oytalhaus.
★ Abfahrt vom Oytalhaus mit einem Bergroller, siehe Kinderkasten. Der größte Teil der Abfahrt ist für den allgemeinen Verkehr gesperrt, im unteren Bereich verläuft die Abfahrt auf öffentlicher Straße. Die Rollersaison beginnt witterungsabhängig im April/Mai und endet mit dem Ende der bayerischen Herbstferien Anfang November. Infos beim Oytalhaus (siehe Einkehr).

Rollerausgabe und Start ist am Oytalhaus.

ßenden Ableger des Baches zu kommen. Das kleine Bachtal wird bald enger, der Weg verläuft nun unmittelbar an dem rauschenden Gebirgsbach entlang. Dann führt der Weg vom Bach weg, wir lassen an einer Bank einen Abzweig links liegen und stoßen mit dem **Dr.-Hohenadl-Weg (3)** auf die Asphaltstraße, die von Oberstdorf heraufführt (siehe Variante) und auf der wir nachher mit den Bergrollern hinunterdüsen. Wir wandern nun auf der Straße weiter, spazieren durch eine Baumallee und erreichen bald den beschilderten Abzweig zum **Oytal-Rundweg (4)**. Hier biegen wir links ein und marschieren über eine Holzbrücke. Kurz darauf kommen wir wieder an den hier noch wesentlich kleineren Oybach, an dem wir auf einem barfußfreundlichen Wiesenweg mit zur Rast einladenden Holzbänken weiterwandern. Bis zum Frühsommer (Schneeschmelze) und nach starken Regenfällen stürzt zu unserer Linken der Seebach in einer schmalen Rinne als Wasserfall über die Seewände hinunter. Nun ist es nicht mehr weit, der Weg dreht nach rechts und führt durch den Spielplatz des **Oytalhauses (5)**, 1010 m, direkt zu dem Gasthaus. Besonders die Slackline sorgt für Kurzweil bei den grö-

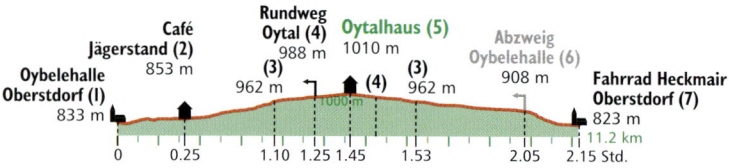

Oberstdorf

Hallo Kinder,

wenn ihr bereits sehr gut und sicher beim Fahrrad fahren seid und mit zwei Handbremsen zurechtkommt, könnt ihr und eure Eltern für 7 Euro pro Person mit einem der vielen Bergroller vom Oytalhaus bis ganz hinunter nach Oberstdorf düsen. Um den Roller auf dem steilen unteren Stück richtig abbremsen zu können, solltet ihr 10 Jahre alt und etwa 1,40 m groß sein. Jüngere Kinder dürfen leider nicht zusammen mit einem Erwachsenen fahren. Zu den Rollern könnt ihr auch einen Fahrradhelm ausleihen, dieser kostet nichts extra. Die Roller werden nur von 15 bis ca. 18 Uhr ausgegeben – die Roller und die vorher fahrenden Pferdekutschen sollen sich nicht ins Gehege kommen. Bezahlen könnt ihr im Oytalhaus, dann dürft ihr euch entweder einen Jugendroller (wenn ihr maximal 45 Kilogramm schwer seid) oder einen Erwachsenenroller nehmen. Die durchgängig asphaltierte Strecke ist bis zum Kühberg gerade so steil, dass man nur an einigen Stellen anschieben muss, im letzten Viertel geht es dann aber eine steile Bergstraße hinunter, auf der ihr mit den beiden Handbremsen kräftig bremsen müsst. Wer sich das nicht zutraut, schiebt seinen Roller hier besser. Das letzte Stück zum Sport Heckmair führt dann wieder sanfter abwärts, hier fährt man allerdings auf einer Straße, sodass man auf den Verkehr achten muss.

ßeren Kindern. Auf die Kleineren warten (Baby-)Schaukel, Spielhaus mit Rutsche, Rollenbahn und allerlei Gefährte wie Bobby- und Kettcars. Von der großen Terrasse hat man einen freien Blick auf die felsigen Gipfel von Schneck, Himmelhorn und Großer Wilder. Wer möchte, kann nun noch eine halbe Stunde auf einem Kiesweg bis zur Unteren Gutenalpe, 1048 m, – nur ganz leicht ansteigend – weiterwandern und auch dort zur Almzeit einkehren.

Vom Oytalhaus geht es dann ab 15 Uhr mit Kindern ab 10 Jahren mit den Bergrollern auf der durchgängig asphaltierten Straße zurück ins Tal. Nach dem Steilstück gegen Ende der Rollerabfahrt fahren wir links (Achtung, ab hier normaler Straßenverkehr!), überqueren die Mühlenbrücke, halten uns rechts und geben die Roller und die Helme nach 200 m bei Fahrrad Heckmair (Nebelhornstraße 46) wieder ab.

Geht man zu Fuß die Straße hinunter, biegt man am Kühberg **(6)** noch vor dem Steilstück links ab (Beschilderung »Oberstdorf – Oybele«) und kommt so direkt zurück zum **Parkplatz an der Oybelehalle**.

Herrliche Abfahrt auf Asphalt.

Oberstdorf

18 Koblat- und Laufbichelsee, 2024 m

Von der Nebelhornbahnstation Höfatsblick   ab 8 J.

Kleine Kraxeleinlage.

Faszinierende Tour über die Karstfläche des Koblat
Nach schneereichen Wintern findet man noch im Juli auf 2000 Metern Höhe in den Mulden des Koblat größere Schneefelder, die der wunderbaren Karstlandschaft einen ganz besonderen Reiz verleihen. Während das klare Wasser dann überall aus der weißen Pracht tropft und sich in munter plätschernden Bächen sammelt, bestaunen wir zwischen den Felsblöcken bereits eine wahre Blütenpracht. Die Kinder sind begeistert von den kleinen, allesamt harmlosen Kletterpassagen auf dem weiten Plateau und freuen sich über die beiden kristallklaren Bergseen am Ende der Tour, an denen man schön rasten kann. Das Ziel unserer Wanderung ist ein Holzkreuz über dem Laufbichelsee – kein wirklicher Gipfel, aber ein schöner Aussichtsplatz auf einer Erhebung am Rande des Plateaus. Für konditionsstarke kleine Gipfelstürmer bietet sich vom Laufbichelsee der gut 45-minütige Aufstieg zum Großen Daumen an, von dem man eine fantastische Rundumsicht hat (siehe Variante). Wir empfehlen, die Tour zu Koblat- und Laufbichelsee nur anzugehen, wenn der Ausgangspunkt an der Station Höfatsblick und die Südseite des Nebelhorns schneefrei sind – dann kann man davon ausgehen, dass dies auch die Pfade auf dem Plateau größtenteils sind. Die Querung einiger übrig gebliebener Schneefelder in der Ebene sollte dann – mit der gebotenen Vorsicht – kein Problem darstellen. Befindet sich noch Schnee auf dem Plateau, ist aber der Aufstieg zum Großen Daumen mit Kindern zu gefährlich.

KURZINFO

Ausgangspunkt: Gebührenpflichtige Parkplätze an der Nebelhornbahn, 833 m (Navi: D-87561 Oberstdorf/Nebelhornstr. 67). Anfahrt siehe Tour 17.
Mit der Bahn: Mit dem Zug bis Oberstdorf. Mit dem Bus oder zu Fuß zum Ausgangspunkt siehe Tour 17.
Gehzeit: 4 Std.
Distanz: 7,6 km.
Höhenunterschied: 460 m.

Ausrüstung: Gut profilierte Wanderschuhe sind Pflicht!
Anforderungen: Ab 8 Jahren. Die Wanderung erfolgt überwiegend auf dem karstigen Koblatplateau und verläuft auf kleinen Bergsteigen und teilweise weglos (markiert) über die Felsen. Einige kleine Kletterpassagen, weitgehend ohne Absturzgefahr. Trittsicherheit erforderlich. Tour nur begehen, wenn der Weg weitgehend schneefrei ist. Vorsicht bei Schnee im Bereich des Koblatsees, hier besteht Rutschgefahr!

Von der Natur selbst arrangierte Blütenkomposition.

Bergbahn: Nebelhornbahn (10er-Gondel), Sommersaison von ca. 20. Mai bis Anfang November, erste Bergfahrt 8.30 Uhr, letzte Talfahrt 16.50 Uhr (Station Höfatsblick), bei Schnee in den Hochlagen nur 9–16.30 Uhr geöffnet. Tel. +49 8322 9600-0, www.ok-bergbahnen.com.
Einkehr: Unterwegs keine. An der Station Höfatsblick: **Edmund-Probst-Haus**, 1932 m, ganzjährig 11.30–14.30 und 18–19 Uhr geöffnet, kein Ruhetag, Übernachtungsmöglichkeit, 75 Lager und 40 Betten, Tel. + 49 8322 4795.
Variante: Weg vom Laufbichelsee zum Großen Daumen, 2280 m (ab 10 Jahren, hin und zurück zum Laufbichelsee ca. 1.30 Std.). Unmittelbar vor Erreichen des Laufbichelsees zweigt links ein unbeschilderter Bergpfad ab, der sich bald in sehr steilen Serpentinen den Geröllhang bis zum Grat (sogenannte Große-Daumen-Scharte) hinaufschlängelt, an dem der Hindelanger Klettersteig endet. Über eine großartige Wiesenfläche erreichen wir, nun mäßig ansteigend, den Gipfel mit fantastischer Rundumsicht.

»Gipfelkreuz« oberhalb des Laufbichelsees.

HIGHLIGHTS

★ Spannender Pfad (teilweise nur auf dem Gestein markiert) mit einigen kleinen, aber ungefährlichen Kletterstellen.
★ Zwei natürliche Bergseen mit Rastmöglichkeiten an den Ufern.
★ Besonders nach der Schneeschmelze großer Blumenreichtum (z. B. Enzian, Orchideen und Alpenrosen).
★ Erlebnisweg Uff d'r Alp an der Mittelstation (»Seealpe«) der Nebelhornbahn (siehe Tour 19)

Nach der Schneeschmelze: Stängelloser Enzian am Koblat.

Von der **Talstation (1)** schweben wir mit der neuen 10er-Kabinenbahn bequem hinauf zur **Station Höfatsblick (2)**. Am Spielplatz vorbei gehen wir nach links in Richtung Nebelhorn zu einem Wegweiser und wenden uns sodann rechts (Beschilderung: »Großer Daumen«) in einen Kiesweg. Der breite Weg führt uns erst ein Stück abwärts, bereits hier lassen sich im Frühsommer die Enzianarten Schusternagl und Stängelloser Enzian bestaunen. Schnell geht es jedoch steil aufwärts, dann wenden wir uns links und 5 Minuten später an einem **Abzweig (3)** rechts, weiter der Beschilderung »Großer Daumen« folgend. Ein kleiner Pfad nimmt uns auf, nun ist Trittsicherheit gefragt. Erst abwärts, dann in einem leichten Auf und Ab geht es zur Freude der Kinder immer wieder über felsige Passagen, bei denen man ab und an auch ein klein wenig die Hände zu Hilfe nehmen muss. Auf den Karstflächen ist der Weg überwiegend gut mit roten Punkten markiert, an einigen Stellen hätte es ein paar Kleckse aus dem Farbeimer weniger getan, die dann an anderer Stelle nicht vermisst würden. Ver-

laufen kann man sich auf dem großen Plateau aber eigentlich nicht. Über uns befindet sich der Hindelanger Klettersteig, auf dem an schönen Tagen wesentlich mehr los ist als auf unserem Weg. Später auf dem Rückweg werden wir dann auf die vielen Kletterer treffen, die wir jetzt von unten wie in einer Ameisenstraße über die unzähligen Za-

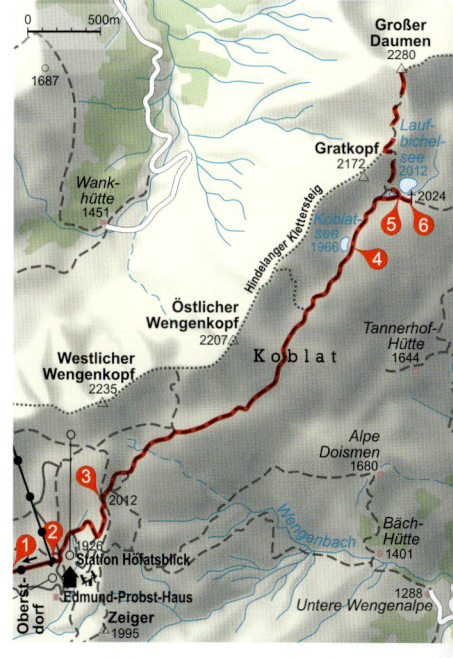

An einigen wenigen Stellen muss man die Hände zu Hilfe nehmen.

Oberstdorf

Hallo Kinder,

der Koblat- und der Laufbichelsee liegen etwa 2000 Meter hoch und sind bis zum Frühsommer mit einer dicken Eisschicht bedeckt. Aus diesem Grund sind sie auch im Hochsommer zum Baden zu kalt, ihr könnt aber in beiden Seen wunderbar eure Füße kühlen und an den Ufern schön rasten. Der Laufbichelsee ist übrigens etwas ganz Besonderes: Es gibt keinen Bach, durch den das Wasser aus dem See fließt, stattdessen läuft das Wasser am westlichen Seeufer in eine tiefe Höhle und strömt durch das Bergmassiv Richtung Tal.

cken kraxeln sehen – einige staugeplagt, denn so manch ungeübter Kandidat hält an den Schlüsselstellen schon mal den gesamten Verkehr auf dem Klettersteig auf.
Wir aber haben freie Bahn, bestaunen nicht minder das fantastische Gebirgspanorama und bewundern immer wieder die großartige Blütenpracht, die sich uns besonders unmittelbar nach der Schneeschmelze bietet. An einigen Stellen kann man auch den markierten Pfad verlassen, um an einen besonders schönen Bachlauf oder Aussichtspunkt zu gelangen. Immer wieder bieten sich auf großen Felsklötzen perfekte Rast- und Klettermöglichkeiten – es empfiehlt sich, für die Tour am besten einen ganzen Tag einzuplanen.
Nach gut 1.30 Stunden Gehzeit passieren wir den kleinen **Koblatsee (4)**,

Im Juni / Juli plätschert es überall. Im Hintergrund der Hindelanger Klettersteig.

Nach schneereichen Wintern ist der in einer Mulde liegende Koblatsee noch Ende Juli von Eis bedeckt.

1966 m, auch hier warten schöne Rastmöglichkeiten. 10 Minuten später stehen wir bereits am Ufer des kaum größeren **Laufbichelsees (5)**, 2012 m, – hier könnten wir nun nach links zum Großen Daumen aufsteigen (Variante). Wir aber wenden uns nach rechts und erreichen nach 5 Minuten das große **Holzkreuz (6)**, 2024 m, am Rand des Plateaus, von dem wir einen fantastischen Blick auf die Allgäuer Alpen haben. Den Rückweg bestreiten wir auf dem Hinweg, wobei uns dieser bei nun verändertem Blickwinkel sicherlich nicht langweilig wird.

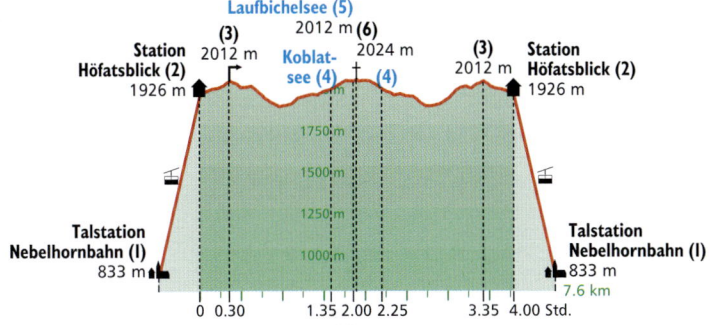

Oberstdorf

19 Faltenbachtobel und Erlebnisweg Uff d'r Alp

Von der Station Seealpe der Nebelhornbahn **ab 8 J.**

Glockenstation am Erlebnisweg.

Wasserfälle und Mitmachstationen
Bei dieser Wanderung am Nebelhorn können wir zwei Attraktionen sehr gut miteinander verbinden. An der Station Seealpe (Mittelstation) der Nebelhornbahn wartet auf die Familien der etwa 2,5 km lange, alpwirtschaftliche Erlebnisweg Uff d'r Alp mit einigen Mitmachstationen und Informationen zu Berg, Natur und Alpwirtschaft. Nach dieser Runde um die Seealpe mit Speichersee und zwei Einkehrmöglichkeiten im Gasthaus Mittelstation und in der Hinteren Seealpe, steigen wir dann mit trittsicheren Kindern ab 8 Jahren auf einem spannenden Bergsteig durch den eindrucksvollen Faltenbachtobel mit seinem sprudelnden Wasser und mehreren Wasserfällen wieder hinunter nach Oberstdorf zur Talstation der Nebelhornbahn. Dabei kommen wir auch an der sehenswerten Skisprunganlage Audi Arena am Schattenberg mit Einkehrmöglichkeit in der direkt im Skistadion befindlichen Erdinger Sportalp vorbei. Wer dort einkehrt, kann auch, ohne Eintritt für das Betreten des Stadions zu bezahlen, die vielen Skischanzen bewundern und sich dabei einen leckeren Apfelstrudel mit Vanilleeis schmecken lassen.

Hallo Kinder,

auf dem Alperlebnisweg Uff d'r Alp gibt es nicht nur einen Wasserspielplatz, sondern auch einige Stationen, an denen ihr etwas lernen könnt. So kann man Jahresringe eines uralten Baumes zählen, Baumarten an ihren Hölzern erkennen oder auch die Glocken, die die verschiedenen Tiere auf den Alpen tragen, bestaunen und damit läuten. Welcher Glockenton gefällt euch am besten? Kurz vor der Hinteren Seealpe gibt es auch einen Grillplatz. Das Holz für das Feuer dürft ihr euch aus dem danebenliegenden Verschlag kostenlos herausnehmen. Na, dann guten Appetit – aber nicht die Würstchen zu Hause vergessen!

KURZINFO

Ausgangspunkt: Gebührenpflichtige Parkplätze an der Nebelhornbahn, 833 m (Navi: D-87561 Oberstdorf/Nebelhornstr. 67). Anfahrt siehe Tour 17.
Mit der Bahn: Vom Bahnhof Oberstdorf mit dem Ortsbus oder wie unter Ausgangspunkt bei Tour 17 beschrieben zu Fuß durch den Ort zur Nebelhornbahn.
Gehzeit: 3 Std. (bei kurzem Aufenthalt an den Stationen des Erlebnisweges).
Distanz: 5,3 km.
Höhenunterschied: 100 m im Aufstieg, 560 m im Abstieg.
Ausrüstung: Bergstiefel, Wechselkleidung (Wasserspielplatz). An der Station Seealpe kostenloser Kinderkraxenverleih gegen Pfand.
Anforderungen: Ab 8 Jahren. Besucht man nur den Erlebnisweg Uff d'r Alp und fährt wieder mit der Gondel ins Tal, ist die Tour ab 4 Jahren geeignet (blaue Tour). Der Erlebnisweg verläuft auf Asphalt- und Kieswegen, der Weg durch den Faltenbachtobel auf einem kleinen, mitunter rutschigen Bergsteig mit einer Metallrosttreppe. Trittsicherheit beim Abstieg über den Faltenbachtobel erforderlich. Der Erlebnisweg Uff d'r Alp ist kinderwagengeeignet, allerdings muss man an der Station Seealpe beim Aussteigen 40 Treppenstufen überwinden. Auf Nachfrage ist das Personal der Nebelhornbahn beim Tragen behilflich.

Abstieg in den Faltenbachtobel.

Bergbahn: Nebelhornbahn (10er-Gondel), Sommersaison von Mitte Mai bis Anfang November, Tel. +49 8322 9600-0, www.ok-bergbahnen.com. Siehe Tour 18.
Einkehr: Gasthaus Mittelstation, 1266 m, geöffnet wie Bergbahn, kleiner Spielplatz, Tel. +49 8322 8682. **Hintere Seealpe**, 1336 m, nur im Sommer bewirtschaftet, Tel. +49 8321 88631. **Erdinger Sportalp** (im Skistadion), Montag Ruhetag, Tel. +49 8322 809 05502.

Von der **Talstation (1)** bringt uns die neue 10er-Kabinenbahn schnell zur **Mittelstation Seealpe (2)**. Wir gehen die paar Meter hinunter zum **Gasthof Mittelstation (3)** und entscheiden uns, vor dem Abstieg über den Faltenbachtobel zuerst den ca. 2,5 km langen Erlebnisweg Uff d'r Alp zu besuchen. Hierzu wenden wir uns links und folgen dem Wegweiser »Rundweg Seealpe«. An der kurz darauf folgenden Abzweigung biegen wir rechts ein und überqueren

HIGHLIGHTS

★ Erlebnisweg Uff d'r Alp mit mehreren interaktiven Stationen, wie Holzkuh, Wasserspielplatz, Glockenstation und Hängebrücke, sowie zwei Einkehrmöglichkeiten.
★ Viele Kühe auf der Weide an der Seealpe.
★ Spannender Abstieg durch den Faltenbachtobel mit mehreren Wasserfällen.
★ Besichtigung des sehenswerten Skistadions Audi Arena Oberstdorf.

Mehrere Wasserfälle und sprudelndes Wasser ...

auf einer Brücke den Faltenbach. Eine große Holzkuh lädt auf der rechten Seite zum Draufsitzen ein. Wenig später kommen wir zum **Speichersee**, der im Winter mit seinem Wasser die Schneekanonen füttert. Baden ist nicht erlaubt, man kann aber schön am grasigen Ufer picknicken. Aus dem See fließt ein kleiner Bach, hier besteht für kleinere Kinder eine gute Spielmöglichkeit. Wir überqueren den Bach, gehen ein Stück am Ufer entlang und biegen dann in einen nach links abzweigenden Weg ein, der uns auf einer Brücke über den Faltenbach und zum **Wasserspielplatz (4)** führt. Wir biegen rechts in den Asphaltweg ein und spazieren nun entlang einiger Stationen zur im Sommer bewirtschafteten **Hinteren Seealpe (5)**, 1336 m. Dahinter verläuft der Weg erst ansteigend – mit schöner Sicht auf den Hohen Ifen – vorbei an einer Station mit einem Hochstand und einer kleinen metallenen Hängebrücke. Dahinter geht es ein kurzes Stück steil abwärts und dann wieder zurück zur Bergbahnstation und dem **Gasthaus Mittelstation (3)** mit kleinem Kinderspielplatz.

Um über den Faltenbachtobel abzusteigen, folgen wir vom Gasthaus dem Schild Richtung Oberstdorf (Weg Nr. 5), gehen durch ein **Drehkreuz** und wandern auf dem breiten Kiesweg oder dem Pfad daneben über die Weide mit ihren vielen Kühen hinunter. Wir passieren wiederum eine Viehsperre, dann führt uns der Kiesweg steil durch lichten Wald (Achtung, Rutschgefahr!). 5 Minuten später schwenken wir an einem Schilderbaum nach links (»Faltenbachtobelweg«) in einen kleinen Pfad. Nun muss man aufpassen, da es neben dem Weg mitunter steil hinuntergeht und der kleine Pfad immer wieder von Wurzeln durchzogen ist. Hier ist absolute Trittsicherheit erforderlich! An einem steilen Wegstück mit einer Stufe hilft uns ein Holzgeländer. Nach etwa 15 Minuten erreichen wir den **Faltenbach**,

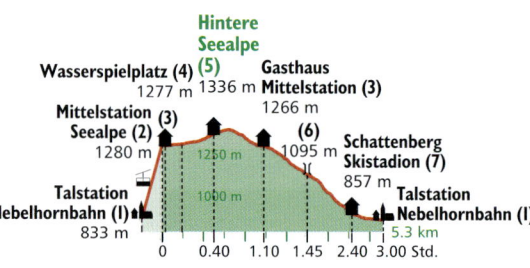

überqueren diesen auf der **Brücke (6)** unterhalb des neuen Wasserkraftwerks und wandern auf einem breiten Weg abwärts. Nach etwa 400 m biegen wir an einem Schild (»Faltenbachtobel«) nach rechts ein und steigen wiederum zum Bachlauf hinab. Über einen steilen Abstieg auf einer langen **Treppe** aus Metallrost – unmittelbar neben dem hier senkrecht hinunterstürzenden Bach – kommen wir in den spannendsten Bereich der Schlucht. Über große und kleine Steine rauscht der Bach direkt neben uns über viele kleine Stufen talwärts – ein Naturschauspiel, das Groß und Klein in seinen Bann zieht. Nach 5 Minuten verengt sich das Bachbett, wir wandern auf einem gekonnt unter einer Felswand befestigten Wegstück weiter, während der Faltenbach eindrucksvoll zwischen großen Felsbrocken in die Tiefe stürzt. Wir erreichen eine **kleine Brücke**, überqueren den Bach und schwenken unmittelbar nach der Brücke links in den nun auf der anderen Bachseite entlangführenden Pfad. Zwei großartige Wasserfälle gilt es hier noch aus nächster Nähe zu bestaunen, bevor wir auf die Fahrstraße treffen. Kurz darauf erreichen wir das **Skistadion (7)**. Leider kann man von außen nur schlecht in das Stadion mit seinen Sprungschanzen hineinblicken, es lässt sich aber gegen Eintritt besichtigen oder bei Einkehr in der Erdinger Sportalp von deren Terrasse aus bestaunen.

Am Kopfende des Skistadions wenden wir uns rechts in die Schanzenstraße, überqueren die Straße »An der Flachsröste« und gehen auf einem Fußweg, einen Spielplatz zur Rechten und den Faltenbach zur Linken geradeaus weiter. 250 m später überqueren wir den Bach auf einer Fußgängerbrücke und kommen über die Roßbichelstraße direkt zur **Talstation der Nebelhornbahn (1)**.

… erwarten uns im Faltenbachtobel.

Fischen / Balderschwang

20 Alpenwildpark und Sturmannshöhle

Vom Spielplatz Obermaiselstein **ab 6 J.**

Abwechslungsreiche Runde mit vielen Attraktionen
Auf dieser kurzweiligen Wanderung in Obermaiselstein ist bestimmt für jeden etwas dabei. Am Ausgangspunkt wartet ein Spielplatz mit einer großen, quer verlaufenden Kletterwand, dann geht es auf einem überwiegend barfußtauglichen Erd- und Wiesenpfad hinauf zum kleinen Alpenwildpark Obermaiselstein mit einer Einkehrmöglichkeit im Gasthof Schwarzenberg. 45 Minuten später stehen wir bereits am Eingang der spannenden Sturmannshöhle, die man auf jeden Fall besuchen sollte, wenn man im Allgäu oder im Kleinwalsertal zu Gast ist. Über den Sagenweg und einen sehr schönen Platz an dem aus dem Berg tretenden Höhlenbach geht es zurück nach Obermaiselstein, wo noch ein sehr gepflegter Spiel-Golf-Park die Kinderherzen höherschlagen lässt.

KURZINFO

Ausgangspunkt: Parkplatz am Spielplatz Burgschrofen in Obermaiselstein, 887 m (Navi: Nähe D-87538 Obermaiselstein / Paßstraße 7 oder N 47.447571 / E 10.233217). Von Norden auf der B 19 kommend in Fischen rechts in die Beslerstraße (»Beschilderung Obermaiselstein«) einbiegen, nach etwa 2,5 km am Abzweig nach Obermaiselstein vorbeifahren und nach dem Tunnel in die nächste Straße links abbiegen. Nach 100 m am Spielplatz parken.

Mit Bahn und Bus: Mit dem Zug bis Fischen oder bis Oberstdorf und von dort jeweils mit dem Bus 9746 bis zur Haltestelle »Obermaiselstein, Am Schützenhaus«. Achtung, die Station steht nicht im Busfahrplan, bitte den Fahrer bitten, dort zu halten. An der Haltestelle die Straße überqueren, in die abzweigende Straße einbiegen und nach 100 m zum Ausgangspunkt.

Gehzeit: 2.45 Std. Bitte zusätzlich für den Besuch der Sturmannshöhle und den Besuch des Alpenwildparks jeweils 1 Std. einplanen.

Distanz: 6 km (zusätzliche Wegstrecken in der Sturmannshöhle und dem Alpenwildpark).

Höhenunterschied: 330 m (zuzüglich 75 Hm in der Sturmannshöhle).

Ausrüstung: Mindestens gut profilierte Trekkingsandalen. Für den Besuch der Sturmannshöhle (ca. 6 °C, teilweise rutschige Passagen) sind Bergschuhe und Jacke empfehlenswert.

Anforderungen: Ab 6 Jahren. Der Aufstieg zum Wildpark verläuft überwiegend auf wunderschönen, zum Barfußwandern einladenden Erd-, Wald- und Wiesenpfaden. Bei Nässe besteht hier

Dem Damwild ganz nah sein – für alle Kinder ein tolles Erlebnis.

allerdings Rutschgefahr. Am Weiterweg zur Sturmannshöhle und zurück nach Obermaiselstein Wechsel aus breiten asphaltierten und gekiesten Wegstücken.
Sturmannshöhle: Besichtigung nur im Rahmen einer gut 30-minütigen Führung möglich. Für Gäste mit Allgäu-Walser-Card und für Kinder bis 5 Jahren ist der Eintritt frei, Erwachsene 5 €, Kinder 6–15 Jahren 3 €. Führungen (ab Höhleneingang – vom Kassenhäuschen bis zum Eingang bitte ca. 10–15 Min. Gehzeit einkalkulieren) im Sommer (Mai bis Anfang November) 9.30, 10.30, 11.30, 12.30, 13.30, 14.30, 15.30, 16.30 Uhr, im Winter (25.12. bis Sonntag nach Ostern) 11.00, 12.00, 13.00, 14.00, 15.00, 16.00 Uhr. Im Winter Montag und Dienstag geschlossen, außer 26.12. – 6.1. und Ostermontag. Vom Ende der bayerischen Herbstferien (Anfang November) bis 24. Dezember und im April Betriebsferien. Info: Obermaiselstein Tourismus, Am Scheid 18, D-87538 Obermaiselstein, Tel. +49 8326 277, »Höhlentelefon« +49 8326 38309, www.sturmannshoehle.de. Direkte Anfahrt zum Kassenhäuschen (begrenzte Parkplatzzahl) von Obermaiselstein über die Straße »Haubenegg« (Navi: D-87538 Obermaiselstein/Haubenegg 4).

Alpenwildpark Obermaiselstein: Im Sommer täglich 11–18 Uhr, im Winter 11–16 Uhr, November bis Weihnachten nur am Wochenende geöffnet, Tel. +49 8326 8163, www.alpenwildpark.de. Direkte Anfahrt: Aus Richtung Fischen kommend etwa 400 m nach dem Ortsschild Obermaiselstein nach links Richtung Ortsmitte abbiegen und bei der zweiten Möglichkeit rechts der Beschilderung zum Wildpark auf einer steilen, schmalen Straße folgen (Navi: D-87538 Obermaiselstein/Königsweg 4).
Einkehr: Berggasthof Schwarzenberg, 970 m, ganzjährig geöffnet, von November bis Weihnachten nur an den Wochenenden, kein Ruhetag, Tel. +49 8326 8163, www.alpenwildpark.de. **Kiosk Sturmannshöhle**, Mai bis September bewirtschaftet, kein Ruhetag, Tel. +49 8326 38309. **Hirschsprung Stuben**, ganzjährig geöffnet (April und November eingeschränkt), Montag und Dienstag Ruhetag, Tel. +49 8326 1247, www.hirschsprungstuben.de.
Variante: Vom »Hirschsprung« (Bushaltestelle, kleiner Parkplatz) an der Straße zwischen Obermaiselstein und Tiefenbach (Navi: N 47.433814/E10.241892), führt der schattige Sagenweg in 45 Min. zur Sturmannshöhle.

Der Alpenwildpark bietet einen schönen Ausblick Richtung Grünten (links).

Direkt gegenüber dem Spielplatz (1) mit der großen Kletterwand führt uns ein mit »Königsweg« beschildeter Pfad aufwärts. Nach 5 Minuten stoßen wir auf eine Asphaltstraße, biegen links ein und halten uns an der nächsten Verzweigung rechts. Diese kleine Straße bringt uns hinauf zum Hochbehälter (2) für das Trinkwasser von Obermaiselstein, wir gehen links an dem Gebäude vorbei und steigen nun auf einem kaum zu sehenden, hier nicht beschilderten Wiesenpfad geradeaus bergan. Wer möchte, kann nun bei trockenen Bodenverhältnissen bis zum Wildpark barfuß weiterwandern. Der Wiesenweg wird bald breiter, mehrere Bänke laden hier am Herrenberg (3), 965 m, zu einer Rast bei einem wunderschönen Blick auf die Berge und hinunter nach Obermaiselstein ein.

Wenig später zeigt uns ein Wegweiser (»Königsweg«), dass wir hier richtig sind, der Pfad zieht nun in den Wald und verläuft erst einmal ein Stück abwärts, bevor er dann den Hang quert und wieder aufwärtsführt. Wir überspringen einen kleinen Bach und entdecken kurz darauf links bereits den kleinen Wildpark und das vorgelagerte Gasthaus Schwarzenberg.

Wir bleiben allerdings noch 5 Minuten auf dem Pfad, dann weist uns

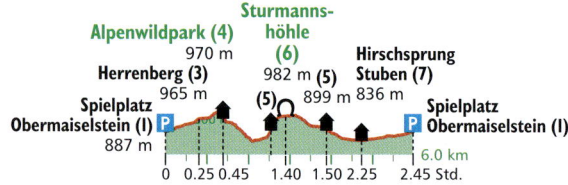

ein Schild nach links zur Sturmannshöhle. Wir steigen den Hang hinunter und kommen nun direkt am **Gasthaus (4)**, 970 m, mit seiner großen Terrasse vorbei und können dem kleinen **Wildpark** und seinen Tieren einen Besuch abstatten.

Weiter geht es auf der kleinen Teerstraße Richtung Obermaiselstein, nach dreihundert Metern weist uns ein Schild nach rechts abwärts in einen kleinen Weg (»Sturmannshöhle ½ h«). 5 Minuten später erreichen wir eine Wegkreuzung, halten uns rechts und erreichen schnell das **Kassenhäuschen der Sturmannshöhle (5)** mit Kioskbetrieb und Einkehrmöglichkeit (Brotzeiten). Von hier bringt uns eine steile Teerstraße

Am Sagenweg: Wasserpritscheln an einem Nebenarm des Fallenbaches.

in 10 Minuten hinauf zum **Höhleneingang (6)**, 982 m, an dem stündlich die Führungen beginnen.

Nach der spannenden Höhlenbesichtigung laufen wir zum Kassen-

Hallo Kinder,

wart ihr schon einmal in einer Höhle? Vielleicht findet ihr ja den Gedanken, ganz tief in einem Berg zu sein, ziemlich gruselig! Aber zum Gruseln habt ihr hier in der Sturmannshöhle keine Zeit, dafür gibt es viel zu viel zu entdecken. Da wartet nicht nur ein kleiner Höhlensee ganz unten in der Höhle, sondern auch der reißende Höhlenbach, der zur Schneeschmelze und nach starken Regenfällen so stark anschwillt, dass die Höhle, die bereits vor 120 Millionen Jahren entstand, unpassierbar wird. Oder die Pflanzen, in erster Linie sind es Moose und Farne, die hier tief drinnen im Berg wachsen. Wie das geht? Nun, mit dem versickernden Regenwasser gelangen auch Samen in den Berg. Fallen sie dorthin, wo die Höhle für uns Besucher mit normalen Glühbirnen beleuchtet wird, beginnen sie zu keimen und zu wachsen. Mit Energiesparlampen würde das übrigens nicht funktionieren, da deren Licht zu wenig UV-Strahlung aufweist. Und dann ist da auch noch der steinerne Drache, der seinen Schatz bewacht. Den Kopf des Fabelwesens könnt ihr mit etwas Fantasie gut über euren Köpfen entdecken. Wer aus eurer Familie sieht den Drachenkopf wohl als Erster?

Kletterspaß auf der ca. 8 Meter breiten Kletterwand am Ausgangspunkt.

HIGHLIGHTS

★ Spielplatz Burgschrofen mit großer Kletterwand am Ausgangspunkt.
★ Überwiegend barfußtauglicher Aufstieg über kleine Pfade zum Wildpark.
★ Spiel-Golf-Park neben dem Kurpark in Obermaiselstein (siehe Freizeittipp N, S. 148).
★ Besichtigung der spannenden Sturmannshöhle, der einzigen Spalthöhle des Allgäu (siehe auch Kinderkasten). 180 Stufen führen ins Berginnere. Besichtigung nur im Rahmen einer gut 30-minütigen (in Corona-Zeiten vorher reservierten) Führung möglich. Empfohlen für Kinder ab 4 Jahren, kleinere Kinder dürfen mitgenommen werden, wenn sie auf den steilen Treppen getragen werden (anstrengend!). Kinder-Rückentragen und größere Rucksäcke sind in der Höhle nicht geeignet. Hunde haben keinen Zutritt. Gut profilierte, feste Schuhe und – bei einer Temperatur von nur 6 °C – auch im Sommer warme Bekleidung erforderlich.
★ Besuch des kleinen Alpenwildparks mit Hängebauchschweinen, Füchsen, Hirschen, Mufflons, Steinböcken, Gämsen und Greifvögeln. Im Sommer abends Futter-Erlebnisführung (Termine bitte erfragen), im Winter Wildfütterung von frei lebendem Rotwild. Eigenmächtiges Füttern nicht erlaubt. Hunde dürfen nur sehr eingeschränkt in den Park.

häuschen zurück und biegen unmittelbar gegenüber nach rechts in den Sagenweg ein, der uns auf einem angenehmen Kiesweg durch den Wald führt. Wir passieren die Tafeln der Stationen 4 und 5 und erreichen dann die Stelle, an der über uns der Höhlenbach, der Fallenbach, ans Licht tritt. In einem Haupt- und mehreren Nebenarmen fließt er malerisch den Hang hinunter. Ein großartiger, märchenhafter Platz, der zum Verweilen einlädt.

Wir überqueren den Fallenbach auf einer Brücke, wandern weiter bergab und kommen an eine Wegverzweigung. Rechts ginge es hinunter über Station 1 zum Parkplatz Hirschsprung (siehe Variante). Wir wenden uns allerdings links (»Sagenweg Station 2«), können an drei Hörrohren das »Zigeunerfeuer« knistern hören und gelangen über einen Wiesen- und einen Kiesweg zu einem Teersträßchen. Hier biegen wir links ein und folgen der für den Verkehr gesperrten Straße nach Obermaiselstein. Hungrige können im Gasthaus Hirschsprung Stuben (7) einkehren, während wir uns an der Hauptstraße nach links wenden. Auf dem Gehweg spazieren wir am Abzweig zum Kurpark und zum schönen Spiel-Golf-Park vorbei und biegen die nächste Straße links ein. Über die kleinen Anliegersträßchen »Am Scheid«, Burgschrofenweg (rechts), »Am Burgrain« (links) und wiederum Burgschrofenweg (links) erreichen wir in 10 Minuten wieder unseren Ausgangspunkt am Spielplatz (1). Zum Abschluss können die Kinder hier noch die große Kletterwand und die anderen Spielgeräte erproben.

Fischen / Balderschwang

Felsendom (Judenkirche), 1060 m

21

Vom Parkplatz Hirschsprung   ab 6 J.

Spannendes Naturdenkmal am Ochsenberg
Unsere heutige Wanderung führt uns einmal um den Ochsenberg herum, der Weg verläuft in einem ständigen Auf und Ab, sodass wir am Ende der Runde 300 Höhenmeter absolviert haben, obwohl wir keinen Berg erklommen haben. Ziel unserer Wanderung ist das imposante Naturdenkmal Felsendom, die sogenannte »Judenkirche«. Der von der Natur geschaffene, fast rechteckige Raum mit im Norden überhängenden Felswänden und einem mächtigen, etwa zehn Meter breiten und sechs Meter hohen natürlichen Felsbogen erinnert tatsächlich an die Ruine einer Kirche. Woher der eigentümliche Name »Judenkirche« stammt, ist ungeklärt, er scheint bereits aus dem Mittelalter überliefert. Einige gehen davon aus, dass dieser Platz ursprünglich »In der Kirche« hieß, die alte Sütterlinschrift aber später als »Juden Kirche« falsch gelesen wurde. In (Wander-)Karten ist dieser Ort daher oft als Felsendom oder Felsentor verzeichnet, die Ausschilderung vor Ort lautet aber ausschließlich auf »Judenkirche«. Zu bestaunen gibt es unterwegs auch eine etwa 10 000 Jahre alte Wohnhöhle und den südlichen Felsabsturz am Ochsenberg, die Jehlefelsen. In dem dort geschaffenen Klettergarten kann man sehr häufig Wagemutigen dabei zusehen, wie sie die senkrechten Felswände – mit einem Seil gesichert – emporkraxeln.

Der Wanderweg führt direkt durch das faszinierende Felsentor.

Fischen / Balderschwang

Hallo Kinder,

könnt ihr euch vorstellen, woher der Name »Hirschsprung« für unseren Ausgangspunkt stammt? Wenn ihr von Obermaiselstein kommt, seht ihr gleich die hohen Felswände links und rechts von euch, die gerade so weit auseinanderstehen, dass die Straße und der Gehweg dazwischen Platz haben. Es handelt sich hierbei um einen Felsdurchbruch der Breitach, die sich hier vor der letzten Eiszeit durch den Kalkstein gekämpft hatte. Erst nach der Würmeiszeit vor etwa 10 000 Jahren änderte die Breitach ihren Weg und fraß sich fortan an anderer Stelle durch das Gestein, wodurch das heutige Flussbett mit der faszinierenden Breitachklamm entstand. Der »Hirschsprung« erhielt seinen Namen der Sage nach von einem Hirsch, der über diesen engen Felsdurchbruch sprang, um sich vor einem Luchs in Sicherheit zu bringen. Schaut mal auf das Wappen der Gemeinde Obermaiselstein, dort könnt ihr den über die Felsschlucht springenden Hirsch auch heute noch sehen.

KURZINFO

Ausgangspunkt: Parkplatz Hirschsprung, 871 m, an der Straße zwischen Obermaiselstein und Tiefenbach (Navi: N 47.433927 / E 10.241949). Von Norden kommend in Fischen rechts in die Beslerstraße (»Beschilderung Obermaiselstein«) einbiegen, nach etwa 2,5 km am Abzweig nach Obermaiselstein links einbiegen. Nach ca. 2 km kurz nach dem Felsdurchbruch rechts zum Parkplatz.

Mit Bahn und Bus: Mit dem Zug bis Fischen oder bis Oberstdorf und von dort jeweils mit dem Bus 9744 bis zur Haltestelle Hirschsprung (ist nicht im Fahrplan verzeichnet, bitte den Fahrer bitten, dort zu halten).

Gehzeit: 3 Std.
Distanz: 7,0 km.
Höhenunterschied: 300 m.
Ausrüstung: Gut profilierte Trekkingsandalen oder Bergschuhe.
Anforderungen: Ab 6 Jahren. Wechsel zwischen breiten Wegen und kleinen Bergsteigen. Im Bereich des Felsendoms ist Vorsicht geboten, es besteht Absturzgefahr! Kleinere Kinder müssen hier an die Hand genommen werden.
Einkehr: Unterwegs keine. In Tiefenbach: Hotel Restaurant Bergruh, Im Ebnat 2, ganzjährig geöffnet, kein Ruhetag, Tel. +49 8322 9190, www.hotel-bergruh.de (Hinweis: Während Corona-Einschränkungen nur Bewirtung von Hotelgästen möglich).

10 000 Jahre alte Wohnhöhle.

Vom **Parkplatz Hirschsprung (1)** wandern wir auf dem Gehweg neben der Straße Richtung Tiefenbach. Nach etwa 600 m entdecken wir auf der anderen Straßenseite eine Bushaltestelle mit kleinem Parkplatz, überqueren die Straße und biegen links des Warteunterstandes in den Weg Richtung Tiefenbach und Hotel Bergruh ein **(2)**. Gemütlich geht es nun fast eben erst durch Wald, dann über eine Wiesenlandschaft weiter. An zwei Verzweigungen folgen wir der Beschilderung zur Judenkirche erst nach rechts, dann nach einer Bank links aufwärts, machen an einem Hof mit dem Weg eine Rechtsschleife und marschieren nun auf einem gekiesten Höhenweg, dem Greitweg, weiter. Wir kommen zu vier Rastbänken, können eine kurze Pause einlegen und wandern dann weiter auf dem bald geteerten Weg an einer Schafweide vorbei nach Tiefenbach zur **Kirche St. Barbara (3)**. Wer einkehren möchte, wendet sich rechts zur Kirche, kommt zur Wasachstraße, schwenkt links und etwa 250 m später rechts zum Hotel Bergruh (Hinweis: Während Corona-Einschränkungen nur Bewirtung von Hotelgästen möglich).

Die anderen nehmen an dem kleinen Parkplatz am Friedhof links den kleinen Weg mit der Beschilderung »Judenkirche, Graf-Vojkffy-Weg«, der den Hang hinaufzieht und sich bald zu einem schönen Waldpfad mausert. Kaum im Wald zweigt links ein unbeschildeter Pfad ab, auf dem wir einen Abstecher – es sind nur ein paar Meter – zur ältesten steinzeitlichen **Wohnhöhle (4)** des Allgäu (entdeckt von Graf Vojkffy) machen können. Wer möchte, kann in die kleine Höhle auch hineingehen.

Wieder zurück auf dem Weg geht es nun zur Freude der Kinder über

An den Jehlefelsen tummeln sich oft waghalsige Kletterer.

Stock und Stein weiter. 5 Minuten später stehen wir bereits an den **Jehlefelsen**, den Steilabfällen des Ochsenberges. Hier wurde vor ein paar Jahren ein Klettergarten für Sportkletterer eingerichtet, mit etwas Glück kann man von unten beobachten, wie geschickt und schnell

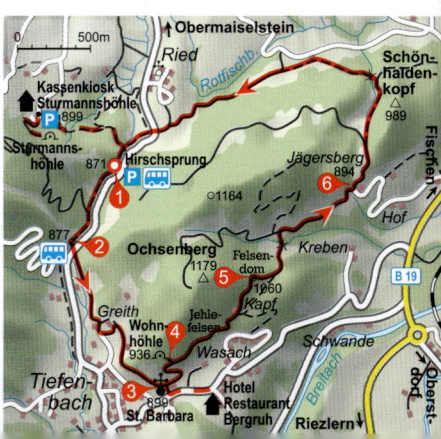

Fischen / Balderschwang

HIGHLIGHTS

★ Abwechslungsreicher Rundweg, der teilweise auf kleinen Pfaden über Stock und Stein führt.
★ Mit etwas Glück: Zusehen, wie die Kletterer die Steilwände der Jehlefelsen erklimmen.
★ Spannender natürlicher Felsendom mit einem großen Felsbogen.
★ Im Anschluss an die Tour: Erweiterung der Tour zur Sturmannshöhle (über den Sagenweg).

die Kletterer die senkrechten Wände hinaufkraxeln.
Der Pfad steigt stetig an und wir kommen nach Kapf, von dort hat man einen schönen Blick hinunter nach Oberstdorf. Ein kleiner Pfad (»Judenkirche«) führt kurz vor dem Haus nach links bald wunderschön über Steine und viele Wurzeln aufwärts. An einer Verzweigung gehen wir geradeaus weiter und erreichen kurz darauf eine drahtseilgesicherte Stelle unmittelbar vor dem Felsentor. Hier ist Vorsicht geboten, da es rechts des Pfades tief hinuntergeht! Kleinere und unsichere Kinder müssen hier unbedingt an die Hand genommen werden. Unmittelbar hinter dieser Stelle führt ein steil abwärtsführender Pfad mitten hinein in den Felsendom (5), 1060 m, in dem auch eine Rastbank wartet. Neben dem Felsentor ist auch die leicht überhängende Nordseite des »Doms« aus Schrattenkalk faszinierend. Größeren Kindern wird die Erkundung des Felsendoms sicherlich reizen, es ist aber auch hier Vorsicht geboten, da der Hang im Inneren dieses Naturplatzes recht steil ist.
Nach der Pause führt unser Weg unmittelbar durch das markante Felsentor, bei Nässe ist es in diesem Bereich rutschig. 10 Minuten später haben wir den Abstieg auf dem

Blick auf den Weiler Jägersberg mit Schnippenkopf, Entschenkopf und Rubihorn (v. l. n. r.) im Hintergrund.

Waldsteig geschafft und stoßen auf einen fast ebenen Weg. Wir halten uns links (»Jägersberg«) und kommen bald über einen schönen Wiesenpfad, eine Brücke über einen Bach im Wald und wiederum einen Wiesenpfad zu einem Kiesweg. Hier wenden wir uns rechts (»Jägersberg«) und erreichen nach 10 Minuten den Weiler Jägersberg (6), 894 m.

Wir schwenken nach links in einen breiten Weg (»Hirschsprung«) und wandern an einem Eselgehege vorbei aufwärts. Wenn wir uns nun umdrehen, werden wir mit einem schönen Blick auf Oberstdorf belohnt. An dem folgenden Abzweig wandern wir geradeaus weiter, verlassen aber den Kiesweg an der darauffolgenden Wegeinmündung nach rechts in einen etwas kleineren Weg. Kurz darauf leitet uns ein Wegweiser (»Hirschsprung«) nach links in einen kleinen Pfad, der uns bald malerisch auf einer kleinen Holzbrücke über einen Bach führt. Dahinter ist der kurzzeitig felsig werdende Weg mit einem Kunststoffschlauch (!) als Einhaltehilfe gesichert. Bald darauf weist uns die Beschilderung an einem Wegweiser nach links zum Hirschsprung, und wir kommen aus dem Wald zu einer schönen Wiese mit einer vor einem Marterl stehenden Rastbank. Vor einem Haus wenden wir uns kurz darauf in einen Wiesenpfad und stoßen 5 Minuten später auf einen breiteren Weg (erst mit Wiesenmittelstreifen), der uns in 20 Minuten wieder zur Straße unmittelbar vor dem Hirschsprung führt.

Wer noch Zeit, Lust und lauffreudige Kinder hat, kann auf der anderen Straßenseite (nachdem man 100 m

Esel bei Jägersberg, im Hintergrund ist Oberstdorf zu erkennen.

Richtung Tiefenbach gegangen ist) rechts in den Sagenweg einbiegen und vorbei an einem märchenhaften Platz am Fallenbach in ca. 45 Minuten den Eingang der Sturmannshöhle erreichen (Besuch nur mit in Corona-Zeiten vorher reservierter Führung – siehe Tour 20).

Die anderen gehen auf dem Gehweg neben der Straße durch den Felsdurchbruch und befinden sich 150 m später wieder am Parkplatz Hirschsprung (1).

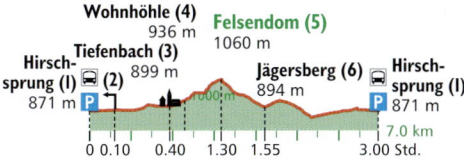

Fischen / Balderschwang

22 Großer Ochsenkopf, 1662 m

Von der Bergstation der Hörnerbahn ab 6 J.

Barfußabenteuer in der Moorlandschaft
Diese Wanderung besticht nicht nur durch ihre wunderschönen barfußgeeigneten Pfade, sondern auch durch drei Varianten, die man allesamt mit der Hauptroute kombinieren kann. Wer mit konditionsstarken Kindern unterwegs ist, sollte Weiherkopf und Riedberger Horn (Varianten 1 und 2) gleich mitnehmen. Unterhalb des Weiherkopfs erwartet uns ein beeindruckender Höhenweg, der durch fast unberührte Natur führt, hinauf zum Riedberger Horn sorgen ein paar kleine Kletterstellen für Kurzweil bei den Kindern. Aber auch diejenigen, die sich (nur) für die gemütlichere Hauptroute entscheiden, kommen voll auf ihre Kosten. Eine faszinierende Moorlandschaft mit mehreren Wasseraugen und unzähligen Heidelbeersträuchern begeistert Groß und Klein – besonders wenn man bei trockenem Boden die Schuhe an den Rucksack hängt und barfuß losmarschiert.

KURZINFO

Ausgangspunkt: Großer kostenloser Parkplatz an der Hörnerbahn in Bolsterlang, 950 m (Navi: D-87538 Bolsterlang / Hörnerstr. 12–16). Von Norden auf der B 19 kommend in Fischen rechts Richtung Bolsterlang in die Beslerstraße einbiegen und nach 2 km wiederum rechts. In Bolsterlang der Beschilderung zur Hörnerbahn folgen.
Mit Bahn und Bus: Mit dem Zug bis Fischen oder Oberstdorf und von dort jeweils mit dem Bus 9744 bis zur Haltestelle Hörnerbahn (bis ca. Mitte Oktober, danach in Bolsterlang Ort aussteigen).
Gehzeit: 3 Std.
Distanz: 5,7 km.
Höhenunterschied: 220 m.
Ausrüstung: Gut profilierte Trekkingsandalen oder Bergschuhe.
Anforderungen: Ab 6 Jahren. Die Wanderung der Hauptroute verläuft überwiegend auf wunderschönen, zum Barfußwandern einladenden Erd-, Wald- und Wiesenpfaden ohne Absturzgefahr. Bei Nässe besteht insbesondere im Bereich der Moorlandschaft Rutschgefahr.
Bergbahn: Hörnerbahn (6er-Gondelbahn), Sommerbetrieb ab ca. Mitte Mai bis Anfang November 8.30–16.30 Uhr, in der Hochsaison bis 17 Uhr, Tel. +49 8326 9091, www.hoernerbahn.de.
Einkehr: Talhütte, 943 m, geöffnet wie Bergbahn, kein Ruhetag, Tel. +49 151 15215443, talhuette-bolsterlang.de, **Berghaus Schwaben**, 1504 m, ganzjährig geöffnet, Übernachtungsmöglich-

Großartiger Naturpfad auf dem Weg vom Weiherkopf (Variante 1).

keit, kein Ruhetag, Tel. +49 8326 438, www.berghaus-schwaben.de. **Alpe Hinteregg**, 1450 m, geöffnet von Anfang Juni bis Anfang Oktober, Tel. +49 8321 5552. **Imbiss** an der Bergstation der Hörnerbahn, 1510 m, geöffnet wie Bergbahn.

Variante 1: Lohnende Erweiterung der Tour über den Weiherkopf, 1665 m, durch wunderschöne Natur (ab 6 Jahren, rote Tour, zusätzlich 45 Min., gut profilierte Schuhe erforderlich). An der ersten Verzweigung nach der Bergstation (3) biegen wir rechts (»Weiherkopf«) in einen steil nach oben führenden Kiesweg ein, der uns in 15 Min. – vorbei an einem Gleitschirmfliegerstartplatz – zum Gipfel des Weiherkopfs führt. Kurz vorher zweigt nach links ein steil abwärtsführender Pfad ab (»Riedberger Horn«), in den wir nach dem Abstecher zum Gipfel einbiegen. Nun erst ca. 10 Min. auf dem bei Nässe rutschigen Waldpfad abwärts, dann auf einem breiten Grat fast ebenerdig weiter (dieses Teilstück ist bei trockenem Boden perfekt zum Barfußwandern), bis von unten der Weg vom Berghaus Schwaben auf den unsrigen trifft. Hier geradeaus und weiter der Beschreibung der Hauptroute folgen.

Variante 2: Verlängerung der Runde über das Riedberger Horn, 1787 m, mit kleinen Klettereinlagen (ab 8 Jahren, schwarze Tour, zusätzlich 1.45 Std., gut profilierte Bergschuhe und Trittsicherheit erforderlich). Schwenkt man nach der kleinen Holzüberbrückung im Moor (7) nicht nach links, sondern wandert geradeaus weiter, erreicht man nach einer guten Stunde auf einem schönen Gratweg mit einigen ungefährlichen kleinen Kletterstellen das Riedberger Horn mit fantastischem Rundumblick, im Westen sieht man sogar bei guter Sicht bis zu den Schweizer Alpen. Für den Abstieg nehmen wir den Weg Richtung Bolsterlang, halten uns nach 20 Min. in einem Sattel links (»Berghaus Schwa-

Drehtafeln am Weg bieten spannende Fragen zur Umgebung.

ben, Hörnerbahn Bergst.«), ignorieren eine Viertelstunde später eine Abzweigung nach Sondernach und treffen bald auf die Wanderer, die auf der Hauptroute unterwegs sind.

Variante 3: Von der Bergstation der Hörnerbahn Abstecher auf dem »Hörnerweg Sinnesweg« zum Bolsterlanger Horn, 1586 m (ab 4 Jahren, blaue Tour, hin und zurück 20 Min). Von der Bergstation der Hörnerbahn geht man links um das Gebäude herum und sieht sogleich den Aufgang zum »Hörnertor« vor sich. Weiter über die Stationen »Hörnerthron«, »Baumharz«, »Riesenspekulatius« (zum Hineinlegen) zum Gipfel mit Kreuz und zwei blauen »Himmelsliegen«. Rückweg wie Hinweg.

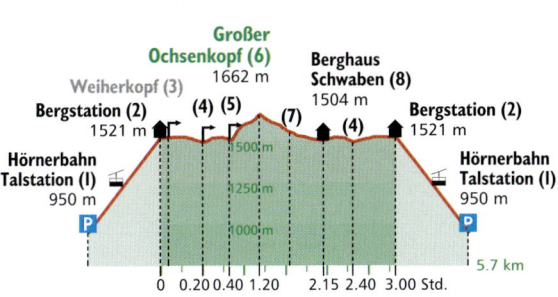

Gleitschirmfliegerstart am Wannenkopf (Variante 1).

Von der Talstation (1) fahren wir mit der 6er-Gondel hinauf zur Bergstation (2) der Hörnerbahn und spazieren dort geradeaus auf dem breiten Weg zu einem Schilderbaum (3). Dabei kommen wir an zwei Drehtafeln vorbei, auf denen den Kindern Fragen gestellt werden. Rechts geht es hinauf zum Weiherkopf (siehe Variante 1), wir bleiben aber auf dem breiten Weg (»Berghaus Schwaben«), der uns auf Asphalt bei herrlichem Blick auf die Berge leicht abwärtsführt. Nach etwa 10 Minuten kommen wir zu einem weiteren Schilderbaum (4) bei einer Bank. Wer Lust auf ein kleines Abenteuer hat, zieht hier seine Wanderschuhe aus, hängt sie an den Rucksack und biegt nun barfuß rechts in den kleinen Pfad (Beschilderung »Sommerweg Berghaus Schwaben«) ein. Die nun folgende Strecke ist für die Füße angenehmer

Hallo Kinder,

vom Weg auf den Weiherkopf nahe der Bergstation der Hörnerbahn kann man die Starts der Gleitschirmflieger aus nächster Nähe bestaunen. Manchmal sieht man dann auch, wie gleich zwei Personen mit einem Gleitschirm abheben. Dies nennt man einen Tandemflug. Ähnlich wie beim Fahrrad-Tandem müssen auch hier beide – meist Trainer und Anfänger – zumindest beim Start zusammenwirken, damit die beiden richtig in die Luft kommen. Dazu bekommen die Anfänger erst einmal eine Einweisung – und dann kann's auch schon losgehen mit dem Traum vom Fliegen. Kinder dürfen auch mitfliegen – vorausgesetzt ihr wiegt mindestens 35–45 Kilo, das ist von Flugschule zu Flugschule verschieden.

HIGHLIGHTS

★ Barfußtaugliche Wege.
★ Große Heidelbeerfelder zum Naschen (die Früchte sind meist ab Mitte August reif).
★ Spannende Moorlandschaft mit »Wasseraugen«.
★ Drehratetafeln am Wegesrand (bis zum Berggasthaus Schwaben).
★ »Hörnerweg Sinnesweg« mit fünf Mitmachstationen (Variante 3).
★ Abfahrtsmöglichkeit von der Berg- zur Talstation mit dem Mountaincart (ab 1,40 m Körpergröße). Infos unter www.hoernerbahn.de.

Barfußsprung im Moor.

als so manch angelegter Barfußpfad. Nach 15 Minuten zweigt kurz vor dem Berghaus Schwaben rechts ein steil nach oben führender **Pfad (5)** zum Großen Ochsenkopf ab. Auch hier kann man problemlos weiter »fußnackert« wandern. 10 Minuten später halten wir uns an einer Verzweigung links und stoßen auf den vom Weiherkopf herüberführenden Weg, halten uns links und können nun – immer noch barfuß – bis zum **Großen Ochsenkopf (6)**, 1662 m, mit Gipfelkreuz und kleinem Bankerl aufsteigen. Hier erwartet uns eine schöne Aussicht auf die umliegenden Berge.

Nun geht es abwärts weiter, bei trockenen Bodenverhältnissen gibt es nichts Schöneres, als auf dem Wiesenweg weiter auf blanken Sohlen (Achtung, bei Nässe Rutschgefahr!) zu spazieren, zumal wir auch schnell in ein kleines Moorgebiet mit einigen Wasserflächen und herrlich batzigem Untergrund kommen. Im

Ist der Weg spannend, strotzen die Kinder vor Energie und Lebensfreude.

Spätsommer (ab Mitte August) bringen hier die unzähligen Heidelbeersträucher mit ihren reifen Früchten mit Sicherheit unseren Zeitplan gehörig durcheinander. Bald überqueren wir auf Holzbrettern (7) eine besonders feuchte Stelle und müssen uns unmittelbar dahinter entscheiden, ob wir noch in einer Stunde in einem schweißtreibenden Aufstieg zum 300 Meter höher liegenden Riedberger Horn (dann geradeaus; siehe Variante 2) mit einigen kleinen, aber ungefährlichen Kletterstellen aufsteigen wollen oder die Tour hier nach links (»Berghaus Schwaben, Hörnerbahn Bergstation«) abkürzen wollen. Wir entscheiden uns für die gemütlichere Variante nach links und kommen zu einem Miniaturbankerl, von dem man schön auf die direkt vor uns liegenden Alpenrosenfelder (Blütezeit je nach vorangegangener Schneelage Ende Mai bis Mitte Juli) und auf das Riedberger Horn blicken kann. Ungeübte Barfußläufer ziehen hier wieder ihre Schuhe an. Weiter geht es nach links auf einem schmalen Pfad hinunter zu einem Kiesweg, auf dem wir auf die Wanderer treffen, die die Erweiterungsrunde über das Riedberger Horn gemacht haben. Wir biegen links ein, erblicken bald das Berghaus Schwaben (8),

Riedberger Horn (Variante 2).

1504 m, das wir jetzt fast ebenerdig in gut 10 Minuten erreichen. Dort können wir gemütlich einkehren oder uns ein Eis zum Mitnehmen kaufen. Den Rückweg zur bereits sichtbaren Bergstation bestreiten wir auf dem Asphaltweg oder – viel schöner – auf dem Sommerweg, den wir schon vom Hinweg kennen. Um den Einstieg in diesen Pfad zu finden, gehen wir unmittelbar am Gastgarten des Berghauses vorbei, über eine aufgekieste Fläche und durch einen Zaundurchlass. Kurz darauf kommen wir zu der Verzweigung vom Hinweg (5), rechts erreichen wir in einer Viertelstunde wieder die Asphaltstraße (4) (hier kann man rechts einen 5-minütigen Abstecher zur bewirtschafteten Alpe Hinteregg machen) und stehen 20 Minuten später wieder an der Bergstation der Gondelbahn (2).

Baumstammeroberinnen auf dem Weg zum Berghaus Schwaben.

Fischen / Balderschwang

23 Eichhörnchenwald Fischen

Vom Parkplatz Grundbachwegab 2 J.

Zahme Nager im familienfreundlichen Kurpark

In dem unmittelbar zwischen dem wunderbar familienfreundlichen Kurpark und der Iller liegenden Waldstück wartet auf die Kinder etwas ganz Besonderes. Dort fressen uns dunkelbraune, frei lebende Eichhörnchen direkt aus der Hand. Der sogenannte »Eichhörnchenwald« ist weder ausgeschildert noch eingezäunt, hier leben Dutzende von putzigen Nagern, die nur darauf warten, dass man ihnen Eicheln, Bucheckern, Hasel- oder Walnüsse auf die flache, ausgestreckte Hand legt. Dann dauert es nicht lange, bis die quirligen Gesellen vorsichtig angehuscht kommen und die Leckereien stibitzen. Wer sicher gehen möchte, dass die Eichhörnchen Hunger haben, besucht den Eichhörnchenwald am besten vormittags (besonders in der Hochsaison). Den Besuch des Eichhörnchenwaldes kann man in eine kleine Runde durch den Kurpark einbetten, in dem neben einem Kräutergarten auch zwei Naturkneippbecken, eine Fußballwiese mit Toren, viele Wasservögel, ein Minigolfplatz sowie ein schöner großer Spielplatz warten.

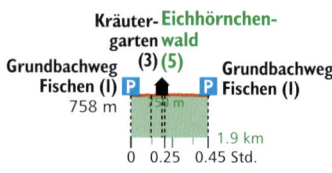

Die kleinen Nager sind ausgesprochen zutraulich.

Fischen / Balderschwang

Hallo Kinder,

die Nüsse, die ihr an die Eichhörnchen verfüttern wollt, müsst ihr selber mitbringen. Am besten geht ihr dann einzeln vom Weg ein paar Meter in den lichten Wald, macht euch klein, indem ihr euch hinhockt oder auf den Boden setzt, und streckt eine Hand mit der Nuss darauf aus. Dann müsst ihr möglichst still sitzen bleiben und warten. Meist dauert es nur ein bis zwei Minuten, bis ein Eichhörnchen auftaucht und schnell mit seinen Pfoten die Leckerei von eurer Hand nimmt. Das Eichhörnchen frisst die Nuss erst später im Versteck in aller Ruhe, gerade im Herbst vergräbt es aber auch gern die gesammelten Schätze, um sich einen Vorrat für den Winter anzulegen. Die Nüsse braucht ihr nicht zu öffnen, Eichhörnchen können sie innerhalb weniger Sekunden knacken, indem sie mit ihren Zähnen erst einmal ein Loch in die Nuss nagen und dann die unteren Zähne wie einen Hebel einsetzen, um ein Stück Schale herauszubrechen.

KURZINFO

Ausgangspunkt: Kostenloser Parkplatz in Fischen im Grundbachweg, 758 m (Navi: D-87538 Fischen / Grundbachweg). Von Norden über Immenstadt und Sonthofen auf der B 19 kommend am Ortseingang von Fischen links in den Berger Weg einbiegen und nach ca. 600 m, nach Überqueren der Bahngleise, links in den Grundbachweg. An dessen Beginn darf man werktags mit Parkscheibe 2 Std. parken (ab Samstagmittag und sonntags keine Zeitbeschränkung). Einen weiteren Parkplatz (kostenlos ohne Zeitbeschränkung) erreicht man, wenn man dem Grundbachweg 300 m folgt und dann rechts über den Grundbach fährt.

Mit der Bahn: Vom Bahnhof Fischen am Bahnsteig entlang nach Norden Richtung Gasthof Krone, aber an der Schranke nicht über die Gleise zum Gasthof, sondern halb links (nach Norden) in die Straße »Am Anger«, die über einen Bach führt. Nach 50 m rechts der Beschilderung zum Minigolfplatz folgen. Nach Überquerung der Gleise stößt man auf diejenigen, die vom Parkplatz entlang des Grundbaches kommen.

Dauer: Kurzer Halbtagesausflug (reine Gehzeit 45 Min.).
Distanz: 1,9 km.
Höhenunterschied: Unbedeutend.
Ausrüstung: Wechselkleidung für Kneippbecken.
Anforderungen: Ab 2 Jahren. Leichter Spaziergang über Asphalt- und Kieswege. Auch für Kinderwagen und Laufrad bestens geeignet.
Einkehr: Kiosk am Minigolfplatz, Gasthäuser in Fischen, z. B. Gasthof Krone, Montag und Dienstag Ruhetag (außer an Feiertagen), Tel. +49 8326 4049577, www.gasthof-krone-fischen.de.

Kräutergarten mit Rubihorn.

Vom **Parkplatz Grundbachweg (1)** gehen wir die Zufahrtsstraße zurück, überqueren die Burgstraße und spazieren geradeaus weiter auf dem kleinen Asphaltweg zwischen Bahnlinie und dem Grundbach entlang. Hier tummeln sich viele Enten und Blesshühner, im Frühling und Sommer oft mit ihren Jungen im Schlepptau. Schnell kommen wir zu der Stelle, an der ein anderer Bach in den Grundbach fließt, hier warten besonders viele Wasservögel darauf gefüttert zu werden. Zwischen den beiden Bächen gibt es ein schönes Delta mit einem gepflegten Rasen und Bänken, ein schönes Picknick-Plätzchen für später. An der Bahnschranke empfiehlt es sich, einen kurzen Abstecher über die Gleise zu machen, hier befindet sich ein schöner **Brunnen (2)** mit zwei Wasser speienden Fischen. Weiter geht es aber nach links (bzw. vom Brunnen kommend geradeaus) auf einer Brücke über den Grundbach, gleich rechts dahinter befindet sich ein schöner Spielplatz, der sowohl für kleine als auch für größere Kinder etwas zu bieten hat. Links des Weges wartet eine sehr schöne **Naturkneippanlage** im Bach, links kommt man auch auf das schöne Delta zwischen den beiden Bächen. Der Weg führt uns indes geradeaus weiter über eine zweite Brücke, dahinter halten wir uns rechts und kommen zu dem kleinen, aber sehr schön angelegten **Kräutergarten (3)**. Gehen wir den Weg weiter, erreichen wir eine weitere **Naturkneippanlage** in einem Bach. Links befindet sich eine große Wiese mit zwei Toren, hier kann man mit den älteren Kindern, wenn man einen Ball dabeihat, Fußball spielen. Auf der anderen Seite der Wiese führt der Hauptweg am **Minigolfplatz (4)** vorbei, an dem es auch einen Kiosk (Eis, Getränke, kleine Brotzeiten) gibt. Gehen wir geradeaus weiter, kommen wir direkt in den »**Eichhörnchenwald« (5)**.
Der eigentliche Weg biegt im Wald links ab zurück nach Fischen, wir sollten aber erst noch geradeaus gehend in zwei Minuten zum **Illerdamm (6)** hinaufspazieren, von dem man einen schönen Blick auf den Fluss, die im Süden liegenden Berge und direkt gegenüber auf der anderen Uferseite auf die hoch am Steilhang thronende Schöllanger Burgkirche hat. Wieder im Wald erreicht man in 10 Minuten die Burgstraße, wendet sich links und kommt nach 10 Minuten wieder zum Grundbachweg und dem **Parkplatz (1)**.

HIGHLIGHTS

★ Füttern von frei lebenden Eichhörnchen im »Eichhörnchenwald« (www.eichhoernchenwald-fischen.de; Nüsse o. Ä. müssen selbst mitgebracht werden).
★ Schöner Spaziergang entlang des Grundbaches mit vielen Wasservögeln.
★ Attraktionen im Kurpark: Spielplatz, Wasser speiende Fische, Naturkneippbecken, Fußballwiese mit Toren, Minigolfplatz, Kräutergarten.

Fischen / Balderschwang

Scheuenwasserfall, 1317 m

Von der Riedbergpassstraße ab 8 J.

Gebirgsbach, Gumpe und Kristalle
Bei Balderschwang wartet auf die Familien eine kurze, aber spannende Wanderung über die bewirtschaftete Scheuenalpe zum Scheuenwasserfall, die sich aufgrund der geringen Höhe auch gut für das Frühjahr und den Herbst eignet. Besonders zu diesen Zeiten und nach Regen ist allerdings gutes Schuhwerk erforderlich, da die Wege bei Nässe teilweise rutschig sein können. Bei trockenem Boden eignet sich die Tour bei warmen Temperaturen teilweise aber auch als Barfußwanderung (bitte trotzdem gut profilierte Schuhe für den Abstieg zum Wasserfall und den Bereich des Wasserfalls selbst mitnehmen). Die Kinder sind besonders von der Gumpe unterhalb des Wasserfalls begeistert, für die größeren ist es aber auch ein kleines Abenteuer, gemeinsam mit den Eltern zwischen den riesigen Felsbrocken im Bachbett herumzuturnen und dabei vielleicht sogar einen Stein mit Kristallen zu finden.

Kletterspaß am Wasserfall.

Schöner Rastplatz: die Gumpe unterhalb des Wasserfalls.

Unterwegs begegnet man vielen Kühen.

KURZINFO

Ausgangspunkt: Kostenloser Parkplatz an der Riedbergpassstraße, 1096 m, kurz vor Balderschwang – vom Riedbergpass kommend (Navi: N 47.442827 / E 10.137553). Auf der B 19 bis Fischen. Dort – von Norden kommend – rechts einbiegen und auf der Riedbergpassstraße über die Passhöhe und wieder hinunter bis ca. 4 km vor Balderschwang. Am Straßenrand (Parkbucht) und einem kleinen Parkplatz links der Straße parken.
Mit Bahn und Bus: Vom Bahnhof Oberstdorf mit der Buslinie Oberstdorf – Hittisau (verkehrt mehrmals täglich) bis zur Haltestelle »Balderschwang, Am Anger« direkt am Ausgangspunkt.
Gehzeit: 2 Std.
Distanz: 4,3 km.
Höhenunterschied: 250 m.
Ausrüstung: Gut profilierte Trekkingsandalen oder Bergschuhe.
Anforderungen: Ab 8 Jahren. Die Tour verläuft über breite Kieswege, einen herrlichen Wald-/Erdpfad und schließlich über einen Bergsteig hinunter zum Scheuenwasserfall. Auf diesem und im Bereich des Scheuenwasserfalls Trittsicherheit erforderlich. Um zur direkt unterhalb des Scheuenwasserfalls befindlichen Gumpe zu kommen, muss man über große und kleine Felsbrocken durch das im Sommer und Herbst größtenteils trockene Bachbett kraxeln. Bei Nässe im Bereich des Bergsteigs Rutschgefahr.
Einkehr: Scheuenalpe, 1110 m, geöffnet Mitte Juni bis Anfang Oktober, täglich bis 18 Uhr, kein Ruhetag, Tel. +49 8328 227.
Variante: Wer nicht auf dem Hinweg zurückgehen möchte, kann auch auf einem anderen – allerdings bei Weitem nicht so schönen und etwas längeren – Weg vom Wasserfall zum Abzweig des Waldpfads vom Hinweg zurückkommen. Hierzu folgen wir an den zwei Bänken dem Schild »Piesenkopf«, indem wir den weiß-rot-weiß markierten Steig hinuntersteigen, auf Steinen über den Bach balancieren, um dann auf der anderen Bachseite steil bergauf zu gehen. Bald wird der Weg breiter und führt nun durch Wald wieder abwärts, an einer Verzweigung halten wir uns rechts, spazieren 5 Min. später erneut durch das Bachbett und stoßen auf einen ebenfalls breiten Kiesweg. Hier biegen wir rechts ein (»Balderschwang«) und erreichen nach einer Gehzeit (ab den zwei Bänken) von 25 Min. wieder den Abzweig (3).

Fischen/Balderschwang

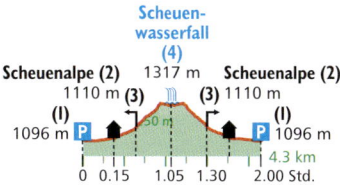

Am **Parkplatz (1)** weisen Schilder zur Scheuenalpe und zum Wasserfall, wir folgen diesen auf einem Asphaltsträßchen, überqueren nach wenigen Minuten die Bolgenach, und wenden uns an der nächsten Verzweigung links. 5 Minuten später stehen wir bereits vor der **Scheuenalpe (2)**, heben uns aber unsere Einkehr für den Rückweg auf. Wir gehen durch ein Gatter, kommen nun auf eine Weide mit vielen Kälbern und biegen an der nächsten Verzweigung (»Scheuenwasserfall«) rechts ab. Der Kiesweg führt uns

Der kleine Pfad kann teilweise auch barfuß begangen werden.

Fischen / Balderschwang

Hallo Kinder,

mit etwas Glück lassen sich im Geröllbett des Baches, der als Scheuenwasserfall hinabstürzt, einfache Kristalle finden. Bitte geht aber nur mit euren Eltern gemeinsam auf Entdeckungstour. Wenn ihr nichts gefunden habt, züchtet ihr euch eure Kristalle zu Hause einfach selbst: Ihr braucht dazu zwei feuerfeste Gläser, kochend heißes Wasser und viel Salz (am besten: Allaun / Apotheke). In ein Glas gießt ihr mit Hilfe der Eltern das kochende Wasser und rührt so viel Salz hinein, bis es sich nicht mehr auflöst, sondern am Boden absetzt. Nun füllt ihr das Salzwasser in das zweite Glas um und achtet dabei darauf, dass der Bodensatz in dem ersten Glas zurückbleibt. Jetzt noch schnell einen – an einem Schaschlikspieß befestigten – (Baum-)Wollfaden in das Glas mit dem Salzwasser hängen (der Bodensatz wird nicht mehr benötigt) und ruhig stehen lassen. Dann heißt es wochenlang warten! Wenn das Wasser endlich verdunstet ist, werdet ihr staunen, was sich um den Wollfaden herum gebildet hat.

nun ansteigend durch die schöne Almlandschaft, hier kommen wir im Sommer bei Sonnenschein ganz schön ins Schwitzen. Dieses Stück ist aber schnell geschafft, auf der linken Wegseite beginnt ein Wald, hier folgen wir einem Schild (3) nach links in einen kleinen bergauf führenden Pfad. Ein großer Baumstumpf bietet eine schattige Rastgelegenheit. Wunderschön schlängelt sich der Waldpfad über Wurzeln und federnden Boden den Hang hinauf – nicht nur die Kinder finden es auf so einem Weg bei warmen Temperaturen und trockenem Boden toll, die Schuhe an den Rucksack zu hängen und barfuß weiterzuwandern. Bald geht der Weg in einen angenehmen Erd-/Wiesenpfad am Waldrand über, um sodann wieder in den Wald zu ziehen. Wenn der Weg nach 20 Minuten beginnt abwärtszuführen, ziehen wir unsere Schuhe an einer gesicherten Stelle wieder an, denn nun wird der unterhalb der Gauchenwände verlaufende Weg hinunter zum Wasserfall zunehmend steiniger und bei Nässe mitunter auch rutschig. Hier sind gut profilierte Schuhe gefragt.

5 Minuten später passieren wir zwei Sitzbänke und stehen bereits an den

Im Bachbett kann man sogar einfache Kristalle finden.

Rast auf einer Felsschräge unterhalb des Wasserfalls.

großen Felsbrocken, durch die sich der Bach seinen Weg bahnt. Nun steigt man – bei Niedrigwasser – entweder zwischen den Felsbrocken hindurch oder geht auf einem zwischen den Bänken beginnenden Pfad weiter (Vorsicht, dieser wird zunehmend schmaler und zudem abschüssig, sodass man sich leichter tut, wenn man den Pfad bald in das Bachbett verlässt und zwischen den Felsen hindurch weiterkraxelt!) und erreicht in wenigen Minuten eine Gumpe und den über eine hohe Steilwand herabstürzenden **Scheuenwasserfall (4)**. Besonders faszinierend ist dieser Wasserfall nach Regenfällen, nach längerer Trockenzeit ist er hingegen weniger spektakulär. Wer nach der Rast noch Zeit hat, kann sich mit den Kindern im Bachbett auf die Suche nach Steinen mit Kristallen machen, bisweilen lassen sich hier kleine Schätze finden. Unser Rückweg verläuft entweder auf dem Hinweg oder auf der als Variante beschriebenen Route, die allerdings nicht so schön ist wie unser Anstiegsweg. Egal wie wir uns entscheiden, vor der **Scheuenalpe (2)** führen beide Wegalternativen wieder zusammen, sodass wir uns so oder so in der Alpe mit ihrem kleinen Spielplatz die Brotzeiten und den Kuchen schmecken lassen und die schöne Halbtagestour gemütlich ausklingen lassen können.

HIGHLIGHTS

★ Viele Jungkühe und Kälber an der bewirtschafteten Scheuenalpe mit ihrem kleinen Spielplatz.

★ Barfußwandern auf einem spannenden, natürlichen Waldpfad.

★ Besonders nach Regenfällen spektakulärer Wasserfall mit einer großen Gumpe am Fuß der senkrechten Wand, die der Wasserfall hinunterstürzt.

★ Die großen Steine und Felsbrocken im Bachbett wecken den Entdeckerdrang der Kinder, mit etwas Glück und Ausdauer lassen sich im Bachbett Kristalle finden.

Freizeit- und Schlechtwettertipps

Reiten

Ⓐ Ponyreiten Eberlehof

An der gemütlichen Einkehr Eberlehof in Riezlern-Egg kann man für Kinder zwischen 2 und 8 Jahren (für ältere Kinder sind die Ponys in der Regel zu klein) – nach Voranmeldung unter Tel. +43 650 453 9391 – geführtes Ponyreiten buchen. Die Mindestreitzeit beträgt 30 Min. Im Gasthaus werden regionale Köstlichkeiten angeboten, und von der Terrasse hat man eine traumhafte Aussicht in die Kleinwalsertaler Berge. Neben den Ponys gibt es für die Kinder auch Schafe, Hasen und Hängebauchschweine zu bestaunen.

Adresse: Mahdtalweg 8, A-6991 Riezlern-Egg, Tel. +43 5517 20073, www.eberlehof.com.

Öffnungszeiten: Das Ponyreiten ist ausschließlich nach Voranmeldung möglich. Termine können auch außerhalb der Öffnungszeit der Gaststätte vereinbart werden. Einkehr Eberlehof geöffnet vom 25.12. bis zum Weißen Sonntag und ab Christi Himmelfahrt bis zum 1. November, Dienstag und Mittwoch Ruhetag, werktags ab 17 Uhr, sonn- und feiertags ab 11.30 Uhr.

Anfahrt: Von Oberstdorf auf der B 19 kommend in Riezlern nach der Breitachbrücke rechts in die Schwarzwassertalstraße und wiederum die nächste rechts in die Eggstraße. Dieser etwa 1 km bis nach Egg folgen und dort rechts in den Mahdtalweg einbiegen.

Bahn/Bus: Mit dem Walserbus 1 bis Riezlern Post. Dort in den Walserbus Linie 2 umsteigen und bis zur Haltestelle Egg fahren.

Ⓑ Ponyhof Boxler Oberstdorf

Der schön auf einem Plateau oberhalb von Oberstdorf gelegene Ponyhof Boxler bietet geführtes Ponyreiten (keine Anmeldung erforderlich). Hoch zu Pony oder zu Esel »reiten« die Kinder eine größere Runde auf dem Ponyhof vor schönem Bergpanorama, während die Eltern im Schatten der Bäume sitzend auf ihre Sprösslinge warten und eine Tasse Kaffee trinken können. Der kleine Kiosk bietet zudem auch Eis.

Adresse: Landhaus Boxler, Am Dummelsmoos 37, D-87561 Oberstdorf, Tel. +49 8322 96210, www.landhaus-boxler.de.

Öffnungszeiten: Ende Mai bis Ende Oktober. In den Ferien bei trockenem Wetter von Dienstag bis Sonntag, außerhalb der Ferien von Mittwoch bis Sonntag 14–17 Uhr.

Am Ponyhof Boxler werden die Ponys von den Nachbarskindern geführt.

Vom Eberlehof hat man einen herrlichen Blick in die Berge.

Anfahrt: Am Ortseingang von Oberstdorf am Kreisverkehr der Beschilderung Richtung Nebelhornbahn folgen. Von der Hermann-von-Barth-Str. links auf der Straße »Am Dummelsmoos« über die Trettach und nach einer Rechtskurve links hinauf zum Ponyhof.

Bahn/Bus: Vom Bahnhof Oberstdorf im 10-Minuten-Takt mit dem Ortsbus bis Haltestelle Dummelsmoosbrücke, von dort über die Trettach und wie für Pkw beschrieben zum Parkplatz.

C Reiten Haflingerhof Müller

Einmal wöchentlich findet für Kinder Ponyreiten ohne Voranmeldung am Haflingerhof Müller statt. Am Haflingerhof werden auch Kutschfahrten angeboten. Termine bitte telefonisch erfragen.

Adresse: D-87538 Obermaiselstein, Oberdorf 12, Tel. +49 8326 7547 oder +49 8326 385370. Auf dem Hof werden auch Gästezimmer inklusive Frühstück angeboten, Ferienwohnungen gibt es im nebenanliegenden Landhaus Barbara, www.landhaus-barbara.net.

Anfahrt: Auf der B 19 von Oberstdorf nach Fischen. Dort links in die Beslerstraße Richtung Obermaiselstein einbiegen. Die Abfahrt Bolsterlang lässt man rechts liegen und fährt kurz darauf links Richtung Oberdorf.

Bahn/Bus: Vom Bahnhof Oberstdorf oder Fischen mit dem Bus 9744 bis Obermaiselstein.

Baden

D Freibad Riezlern

Im gepflegten Freibad in Riezlern ist für alle Familienmitglieder etwas geboten. Es warten eine 59-m-Wasserrutsche, eine Großflächenrutsche, 1-m- und 3-m-Sprungbretter, ein Wasserpilz, Massagedüsen, ein Baby- und ein Schwimmbecken, Liegewiesen und ein Kiosk auf die großen und kleinen Besucher.

Familienfreundliches Freibad in Riezlern.

Adresse: Walserstraße 82, A-6991 Riezlern, Tel. +43 5517 6125.
Öffnungszeiten: Täglich 9–20 Uhr bei entsprechender Witterung von Mitte/Ende Mai bis Ende August.
Anfahrt: Von Oberstdorf kommend auf der B 19 bis Riezlern. Das Bad befindet sich in der Ortsmitte gegenüber der Kanzelwandbahn. Parken auf den dortigen kostenpflichtigen Parkplätzen.
Bahn/Bus: Mit dem Walserbus 1 im 10-bis-20-Minuten-Takt zur Haltestelle Kanzelwandbahn.

E Erlebnis-und Gesundheitsbad Wonnemar

Im Wonnemar in Sonthofen kommt garantiert keine Langeweile auf, denn zu dem 25-m-Sportschwimmbecken gesellt sich ein riesiger Erlebnisbereich: Ein Rutschenturm mit der 110 m langen »Black Hole« (mit Rainbow Lights, visuellen Welten, Gewitterblitzen und Meteoritenhagel), der Wildwasser-Reifenrutsche »Crazy River«, der steilen Kamikazerutsche (für Mutige, die den Adrenalinkick suchen) und der kurzen, aber breiten Familienrutsche, ein großes Wellenbecken, der Strömungskanal, ein Panorama-Außenbecken und ein Whirlpool sorgen dafür, dass die Zeit wie im Fluge vergeht. Für kleinere Kinder gibt es den fantasievoll angelegten Kinderbereich »Wonniland« mit Felsengrotte, Wasserfällen, Piratenschiff, Wasserkanone und 32 °C warmem Babybecken. Ergänzt wird das Angebot durch die Saunawelt mit verschiedenen Saunen und das Gesundheitsbad mit einem Soleaußenbecken mit Sprudelliegen, Massagedüsen und Nackenmassage sowie einem Soleinhalationsstollen.
Adresse: Wonnemar, Stadionweg 5, 87527 Sonthofen, Tel. +49 8321 780 970, www.wonnemar.de/sonthofen/.
Öffnungszeiten: Mai bis September 10–21 Uhr, Oktober bis April 10–22 Uhr.
Anfahrt: Von Oberstdorf auf der B 19 kommend bis zur Ausfahrt »Sonthofen Süd«. Ab hier der Beschilderung folgen.

Freizeit- und Schlechtwettertipps

Mit Bahn/Bus: Von Oberstdorf mit Bus 45 bis zur Haltestelle »Wonnemar«. Fahrplan: www.oberstdorf.de/urlaub/anreise/busfahrplaene/busfahrplan-oberstdorf-schoellang.html

❻ Moorbad Oberstdorf

Das erhöht über Oberstdorf liegende Moorbad kommt durch seinen natürlichen Zu- und Ablauf und die Selbstreinigungskräfte des Moores ganz ohne chemische Zusätze aus. Im Bad warten neben einem großen Moorwasserschwimmbecken und einer großen, mit Luft aufgeblasenen Wasserrutsche auch ein Kinderbecken mit knietiefem, klarem Wasser, ein Spielplatz mit überdachtem Sandkasten sowie eine Einkehrmöglichkeit und ein Kiosk. Das Bad ist nicht mit dem Auto erreichbar.

Vom Parkplatz Oybelehalle in Oberstdorf gehen wir zur Trettach, überqueren den Fluss auf der Mühlenbrücke und wenden uns unmittelbar danach links (ausgeschildert) in den Weg, der erhöht an der Trettach entlangführt. Nach gut 5 Min. weist ein Schild nach rechts aufwärts zum Moorbad, das wir nach weiteren 10 Min. erreichen. Wer möchte, kann vom Badeingang aus (erst rechts, dann links halten) noch eine schöne Runde (Gehzeit ca. 20 Min.) auf dem Naturlehrpfad um einen idyllischen Moorsee mit einigen Rastbänken anhängen. Der Weg führt wieder direkt zum Bad zurück.

Adresse/Parkplatz: Am Rauhen 3, D-87561 Oberstdorf, Tel. +49 8322 4863. Parkplatz Oybelehalle an der Nebelhornbahn (Navi: D-87561 Oberstdorf/Am Faltenbach 4).

Öffnungszeiten: Mai bis Oktober bei trockener Witterung täglich 10–19 Uhr geöffnet, Juli bis August 9.30–20 Uhr.

Anfahrt: In Oberstdorf der Beschilderung zur Nebelhornbahn folgen.

Bahn/Bus: Vom Bahnhof Oberstdorf mit dem Ortsbus in 10 Min. zur Nebelhornbahn.

❼ Moorbad Reichenbach

Wer in Naturwasser mit seiner Familie baden möchte, ist im Moorbad Reichenbach genau richtig. Gespeist wird es von frischem Quellwasser aus den Bergen und von mehreren Grundwasserquellen. Das angenehm weiche Moorwasser kommt ohne chemische Zusätze aus. Für die Kinder sind ein abgegrenztes Kinderbecken und ein Spielplatz vorhanden, den man vom dortigen Wirtsgarten gut einsehen kann. Neben der Einkehrmöglichkeit im Gasthaus Moorstüble gibt es einen Kiosk.

Adresse: Reichenbach 70, D-87561 Oberstdorf, Tel. +49 08326 1509, www.moorstueble.de.

Öffnungszeiten: Von ca. Mitte Mai bis ca. Mitte September (abhängig von Witterungsverhältnissen und Wassertemperatur) 10–19 Uhr. Außerhalb dieser Uhrzeit ist keine Aufsicht anwesend, das Bad kann dann aber meist auf eigene Gefahr genutzt werden. Das Moorstüble ist auch im Winter (siehe Homepage) geöffnet.

Schöner Blick auf das Rubihorn vom Moorbad Reichenbach.

Freizeit- und Schlechtwettertipps

Anfahrt: Von Oberstdorf über die OA 4 nach Reichenbach. In der Ortsmitte links zum Moorbad mit Parkmöglichkeit.
Bahn/Bus: Vom Bahnhof Oberstdorf mit dem Bus Richtung Schöllang/Sonthofen stündlich nach Reichenbach.

ⓗ Erlebnis- und Familienbad Fischen

Im Familienbad genießt man nicht nur den Blick auf das Rubihorn, sondern es locken neben einer 58-m-Wasserrutsche auch Strömungskanal, Massagepilz und -düsen, Regenbogen und Tropfenwerfer sowie ein Planschbecken mit Rutsche. Wer lieber in Ruhe seine Bahnen zieht, auf den wartet ein 25-m-Becken. Zum Üben gibt es einen Nichtschwimmerbereich, zum Pritscheln einen Wasserspielplatz mit Bodensprudler, Schleuse, Hafen und Bachlauf. Und wer genug vom feuchten Element hat, ruht sich auf der großen Liegewiese aus, spielt Volleyball, Fußball oder Badminton, beweist auf der Slackline und am Kletternetz Geschicklichkeit oder setzt sich gemütlich in die Cafeteria.
Adresse: Mühlenstraße 26, D-87538 Fischen im Allgäu, Tel. +49 8326 691, www.hoernerdoerfer.de/a-familienbad-freibad-fischen-allgaeu
Öffnungszeiten: Von Juni bis August 9–19 Uhr, Anfang September bis zum Ende der bayerischen Sommerferien 10–17 Uhr, danach ist das Bad geschlossen. Bei schlechtem Wetter nur 11–13 Uhr geöffnet. Mit gültiger Allgäu-Walser-Card gibt es Ermäßigung, Gäste aus den »Hörnerdörfern« (Fischen, Bolsterlang, Obermaiselstein, Balderschwang, Ofterschwang) haben mit dieser Karte sogar freien Eintritt.
Anfahrt: Von Oberstdorf auf der B 19 Richtung Fischen und ca. 600 m nach Langenwang links in die Mühlenstraße zum direkt neben der B 19 liegenden Bad.
Bahn/Bus: Mit dem Bus Richtung Sonthofen nur ungünstig zu erreichen, da es von Oberstdorf kommend keine Haltestelle am Bad gibt.

Familienbad Fischen.

Spielplätze

❶ Spielplatz Riezlern

Im Kurpark von Riezlern beim Weiher begeistert ein großer Spielplatz große und kleine Kinder. Neben vielen Klettermöglichkeiten, Rutsche, Wippe, (Reifen-)Schaukeln und Wackelbalken lädt ein kleiner Bach zum Spielen ein. Zwei Brotzeittische mit Bänken sind vorhanden.
Adresse: Kurpark in Riezlern.
Anfahrt/Parkplatz: Von Oberstdorf kommend auf der B 19 bis Riezlern. Auf den kostenpflichtigen Parkplätzen an der Kanzelwandbahn parken (Navi: A-6991 Riezlern/Walserstr. 77). Von dort geht man zum Eingang des Freibades, wendet sich dort links und schwenkt sodann mit dem Weg nach rechts. Nach 5 Min. erreicht man den Spielplatz. Ab 17 Uhr (vorher Parkverbot) kann man alternativ (kostenlos) bei der Skateanlage auf dem Schulparkplatz an der Engelbert-Kessler-Str. (siehe Freizeittipp R, S. 151) parken. Dort dem Schild zum »Kulturcafé« folgen und an der nächsten Verzweigung links.
Bahn/Bus: Mit dem Walserbus 1 bis zur Haltestelle Kanzelwandbahn.

❶ Wolpertinger Spielplatz Oberstdorf

Im Ortszentrum von Oberstdorf hat man auch an die Kinder gedacht. Hier gibt es den Wolpertinger Spielplatz mit vielen Klettermöglichkeiten, Röhrenrutsche und Vogelnestschaukel.
Adresse: Freiherr-von-Brutscher-Str., D-87561 Oberstdorf. Gebührenpflichtige Parkplätze sind dort vorhanden.
Bahn/Bus: Vom Bahnhof Oberstdorf mit der Buslinie Oberstdorf – Birgsau bis zur Haltestelle Prinzenstraße.

Am Wolpertinger Spielplatz.

❶ Spielplatz Wichteltreff in Reichenbach

Der schattige Waldspielplatz bietet für Kinder im Alter von 2 bis 10 Jahren viele spannende Spielmöglichkeiten. Mit Stachelbaum, Kletterbaum, Kirche mit Glocke, Traktor, Zug, Schwingseil, Hängematten, Block- und Rindenhütten. Den Besuch des Spielplatzes kann man gut mit dem Moorbad in Reichenbach (siehe Freizeittipp G, S. 145) verbinden.
Adresse: D-87561 Reichenbach-Oberstdorf.
Anfahrt: Von Oberstdorf über die OA 4 nach Reichenbach. Dort rechts der Beschilderung zum Parkplatz Gaisalpe folgen. Gegenüber dem oberen Parkplatz führt rechts ein Weg hinunter zum unteren Parkplatz. Dort rechts und ca. 100 m am Bach entlang zum rechts im Wald liegenden Spielplatz.
Bahn/Bus: Vom Bahnhof Oberstdorf mit dem Bus Richtung Schöllang/Sonthofen stündlich nach Reichenbach.

Freizeit- und Schlechtwettertipps

Minigolf

🄻 Minigolf Baad

In der Nähe der Busendhaltestelle des Walserbusses 1 in Baad wartet ein Minigolfplatz mit 18 Bahnen auf die Familien. Getränke und Eis gibt's am Kiosk vor Ort.
Adresse: A-6993 Mittelberg-Baad, Baad 3.
Öffnungszeiten: Anfang Juni bis Ende September 12–18 Uhr. Tel. +43 676 3048318.
Anfahrt: Von Oberstdorf kommend auf der B 19 ins Kleinwalsertal. In Mittelberg links nach Baad abbiegen und am Kreisel in Baad rechts zum Minigolfplatz.
Bahn/Bus: Mit der Walserlinie 1 bis nach Baad zur Endstation, die Straße überqueren, am Brunnen am Kreisel vorbeigehen und geradeaus zum Minigolfplatz.

🄼 Minigolf Oberstdorf am Mühlacker

Oberstdorf verfügt über einen gepflegten Minigolfplatz mit 18 Bahnen. Kleine Imbisse, Getränke oder Eis kann man am Kiosk vor Ort kaufen.
Adresse: Oststraße 48, D-87561 Oberstdorf, Tel. +49 8322 80389.
Öffnungszeiten: Je nach den Witterungsverhältnissen von Anfang Mai bis Ende Oktober täglich.
Anfahrt: In Oberstdorf der Beschilderung zur Nebelhornbahn folgen und dort zum Beispiel an der Oybelehalle parken. Die Trettach auf der Mühlenbrücke überqueren und die Oststraße geradeaus in den Mühlenweg (Fußweg) verlassen, der in 2 Min. direkt zur Minigolfanlage führt.
Bahn/Bus: Vom Bahnhof Oberstdorf mit dem Ortsbus zur Nebelhornbahn.

🄽 Spiel-Golf-Park Obermaiselstein

18 sehr gepflegte Golfbahnen im Kleinformat warten im Ortszentrum von Obermaiselstein auf Groß und Klein. Am Kiosk gibt es Eis und kleine Snacks.
Adresse: Am Scheid 17 – Am Kurpark, D-87538 Obermaiselstein, Tel. +49 8326 3867852.
Öffnungszeiten: Täglich 10–20 Uhr geöffnet, im Sommer bis 21 Uhr, bei Dauerregen geschlossen.
Anfahrt: Von Oberstdorf auf der B 19 kommend in Fischen links Richtung Obermaiselstein und dort am Ortseingang links in die Straße »Am Scheid«.
Bahn/Bus: Vom Bahnhof Oberstdorf mit dem Bus Richtung Tiefenbach/Fischen bis Obermaiselstein.

Kletterwald und Sommerrodelbahn

🄾 Kletterwald Söllereck

Deutschlands höchstgelegener Kletterwald befindet sich an der Bergstation der Söllereckbahn. Die Auffahrt mit der Gondel ist für Gäste des Kletterwalds kostenlos. Der Hochseilgarten bietet neun verschiedene Parcours, zwei davon ab 6 Jahren, zwei ab 7 Jahren, einen ab 8 und jeweils zwei ab 10 und 14 Jahren. Helm, Kletterausrüstung und Einweisung durch einen Trainer sind im Preis inbegriffen. Kinder dürfen den Kletterwald nur in Begleitung eines mitkletternden Erwachsenen benutzen, ein Erwachsener darf höchstens 3 Kinder begleiten. Kinder ab 12 Jahren dürfen (mit Einverständniserklärung der Eltern) alleine klettern. Wer seine Kinder nicht selbst begleiten kann, hat die Möglichkeit einen Trainer zu buchen (Voranmeldung er-

Nervenkitzel im Kletterwald Söllereck.

forderlich). Geschlossene Schuhe sind Pflicht.
Adresse/Parkplatz: Großer kostenloser Parkplatz an der Talstation der Söllereckbahn (Navi: D-87561 Oberstdorf, Kornau Wanne). Kletterwald Tel. +49 8322 96007591, www.ok-bergbahnen.com/erlebnisspass/kletterwald-allgaeu/
Öffnungszeiten: Anfang/Mitte Mai bis Anfang November täglich 10–17 Uhr, Anfang Juli bis Anfang September mittwochs bis 20 Uhr.
Anfahrt: Von Oberstdorf auf der B 19 Richtung Kleinwalsertal, nach ca. 3 km unter der Sommerrodelbahn hindurch und ca. 400 m später zum Parkplatz links und rechts der B 19. Von der Talstation mit der Söllereckbahn hinauf zur Bergstation. Zum Kletterwald wendet man sich dort nach links.
Bahn/Bus: Mit dem Walserbus 1 im 10-bis-20-Minuten-Takt bis zur Station Söllereckbahn (Fahrzeit Bus ca. 10 Min.).
Tipp: Bayerns größter Kletterwald (»Kletterwald Bärenfalle«, ca. 35 Autominuten von Oberstdorf entfernt) befindet sich an der Bergstation der Alpseebergwelt, Anfahrt über die B 308, die Immenstadt mit Oberstaufen verbindet (D-87509 Immenstadt, Ratholz 24). Infos unter Tel. +49 8323 968050 und www.alpsee-bergwelt.de.

Rasant unterwegs im SöllereckRodel.

🅿 SöllereckRodel

An der Zwischenstation der Söllereckbahn wartet eine rasante 850 m lange, schienengeführte Sommerrodelbahn mit Sprüngen, Wellen und einem 360°-Kreisel auf Kinder wie Erwachsene. Inmitten der Bahn gibt es einen Spielplatz und einen Wasserspielplatz, außerhalb der Bahn eine Tarzanbahn, eine große Kletterspinne und eine Holzpistenraupe. Einkehrmöglichkeiten bestehen im Alpengasthof Heimspitze und im Berggasthof Seeweg. Kleinkinder von 3–4 Jahren dürfen kostenlos in Begleitung eines Erwachsenen fahren, Kinder von 5–7 Jahren fahren gegen Gebühr in Begleitung eines Erwachsenen, Kinder ab 8 Jahren dürfen alleine fahren.

Adresse / Parkplatz: Großer kostenloser Parkplatz der Söllereckbahn (Navi: D-87561 Oberstdorf, Kornau Wanne). SöllereckRodel, Tel. +49 8322 98756, www.ok-bergbahnen.com/erlebnis-spass/allgaeu-coaster/

Öffnungszeiten: Anfang / Mitte Mai bis Anfang November 10–18 Uhr. Auch Schlechtwetterbetrieb (mit Plexiglashauben).

Anfahrt: Von Oberstdorf auf der B 19 Richtung Kleinwalsertal, nach ca. 3 km unter der Sommerrodelbahn hindurch und ca. 400 m später zum Parkplatz links und rechts der B 19. Von dort zu Fuß auf der Teerstraße oder mit der Gondel zur Söllereckbahn-Zwischenstation und zur Sommerrodelbahn.

Bahn / Bus: Mit dem Walserbus 1 im 10-bis-20-Minuten-Takt bis zur Station Söllereckbahn (Fahrzeit Bus ca. 10 Min.).

Tipp: 35 Autominuten von Oberstdorf entfernt wartet an der B 308 zwischen Immenstadt und Oberstaufen (87509 Immenstadt, Ratholz 24) mit dem »Alpsee Coaster« Deutschlands längste Ganzjahresrodelbahn. Informationen unter Tel. +49 8325 252 und www.alpsee-bergwelt.de.

Sonstige Freizeittipps

ⓠ Bibliothek im Walserhaus

Die Gemeindebibliothek ist im Eingangsgeschoss des Walserhauses beherbergt und bietet gemütliche Aufenthalts- und Leseecken in den Foyers. Neben Büchern und Gesellschaftsspielen können Hörspiele ausgeliehen werden.
Adresse: Walserstraße 264, A-6992 Hirschegg, Tel. +43 5517 5114425 oder -60.
Öffnungszeiten: Dienstag und Freitag 16–18.30 Uhr.
Anfahrt: Auf der Walserstraße bis zum rechts (von Riezlern kommend) neben der Straße liegenden Walserhaus in Hirschegg.
Bahn/Bus: Mit dem Walserbus 1 bis Haltestelle Walserhaus.

ⓡ Skatepark Riezlern

Am Schulzentrum in Riezlern (nähe Kurpark) gibt es einen öffentlichen, kostenlosen Skatepark mit Miniramp mit Bank, Funbox, Quarterpipe, Bench, Rail und kleiner Bank mit Gap. Die Anlage darf nur mit geeigneter Schutzausrüstung befahren werden.
Adresse: Schulzentrum an der Engelbert-Kessler-Str., A-6991 Riezlern.
Benutzungszeiten: täglich von 13–21 Uhr, während der unterrichtsfreien Zeit auch 10–12 Uhr.
Anfahrt: Von Oberstdorf kommend in Riezlern vor der Kirche rechts in die Alte-Schwende-Straße, dann links in die Engelbert-Kessler-Straße. An deren Ende befindet sich die Skatebahn. Die dortigen Parkplätze der Schulen dürfen ab 17 Uhr benutzt werden. Weitere Parkmöglichkeiten an der Kanzelwandbahn (Walserstraße 77). Von dort geht man zum Eingang des Freibades, wendet sich dort links und schwenkt sodann mit dem Weg nach rechts. Bald kommt man am Spielplatz im Kurpark vorbei und erreicht kurz darauf – sich an einer Verzweigung rechts haltend – die Skatebahn.
Bahn/Bus: Mit dem Walserbus 1 bis zur Haltestelle Kanzelwandbahn.

ⓢ Kurfilmtheater Oberstdorf

Das charmante Kino im Herzen Oberstdorfs bietet ein abwechslungsreiches Programm aus aktuellen Filmen und Klassikern. Hier vereinen sich eine 90-jährige Kinotradition mit Original-Inventar und neueste Technik.
Adresse: Kurfilmtheater Oberstdorf, Oststraße 6, D-87561 Oberstdorf, Tel. +49 8322 978970, www.oberstdorfer-kino.de.
Anfahrt: Ortsmitte Oberstdorf. In unmittelbarer Nähe des Kinos befindet sich der große Parkplatz am Sachsenweg. Im Ort der Beschilderung »Oberstdorf Therme« folgen.
Bahn/Bus: Fahrt mit dem Oberstdorfer Ortsbus (z. B. vom Bahnhof) bis zur Haltestelle Nebelhornstraße/Rechbergstraße. Von dort über die Rankgasse zur Ludwigstraße und links zum Kino.

ⓣ Heimatmuseum Oberstdorf

In 38 Räumen erfahren wir Wissenswertes und Interessantes über Oberstdorf und seine Vergangenheit. Unter anderem können verschiedene Handwerksstätten von der Hammerschmiede bis hin zur Enzianbrennerei, eine Skiausstellung, alte Musikinstrumente sowie eine alte Oberstdorfer Stube bestaunt werden. Im Museum befindet sich auch einer der größten Schuhe der Welt (Schuhgröße 480), den der Oberstdorfer Hofschuhma-

Burmis abenteuerliche Fahrt durch die Schwarzwasserschlucht (siehe Freizeittipp W, S.154).

chermeister Josef Schratt im Jahre 1950 anlässlich des 150-jährigen Firmenjubiläums herstellte.
Adresse: Oststraße 13, D-87561 Oberstdorf, Tel. +49 8322 5470 oder -2226/-2218, www.oberstdorf-heimatmuseum.de.
Öffnungszeiten: Dienstag bis Samstag 11–17 Uhr. An Sonn- und Feiertagen nur bei Regenwetter wie werktags geöffnet. Im April/Mai teilweise und von 1.11. bis 26.12. geschlossen.
Anfahrt: Parkplätze liegen 5 Min. zu Fuß entfernt an der Nebelhornbahn bzw. am Sachsenweg (Beschilderung Oberstdorf Therme).
Bahn/Bus: Nahe am Museum befindet sich die Haltestelle Nebelhornstraße/Rechbergstraße des Ortsbusses, der am Bahnhof Oberstdorf startet.

ⓤ Eissportzentrum Oberstdorf

Schlittschuhlaufen im Sommer? Kein Problem im Eissportzentrum Oberstdorf. Hier befinden sich gleich drei Eishallen unter einem Dach. Geöffnet ist von Januar bis Dezember, bei sommerlichen Temperaturen, Regen oder Schnee. Schlittschuhe können ausgeliehen werden (Eiskunstlauf Gr. 24–48; Eishockey Gr. 36–50). Außerdem kann man gegen Gebühr in die neue Sportart »Biaskate« (Kombination aus Biathlon und Eisschnelllauf) hineinschnuppern. Termine, Informationen und Anmeldung zum Biaskate unter Tel. +49 8322 700-517. Ermäßigungen mit der Allgäu-Walser-Card.
Adresse: Eissportzentrum Oberstdorf, Roßbichlstraße 2-6, D-87561 Oberstdorf, Tel. +49 8322 700-510

Freizeit- und Schlechtwettertipps

oder -530, www.eissportzentrum-oberstdorf.de.
Öffnungszeiten: Öffentliche Laufzeiten täglich 10.30–12 Uhr und 14.30–16.30 Uhr; aktuelle Öffnungszeiten siehe auch Homepage.
Anfahrt: In Oberstdorf der Beschilderung zur Nebelhornbahn folgen; gebührenpflichtige Parkplätze.
Bahn/Bus: Vom Bahnhof Oberstdorf mit dem Ortsbus in 10 Min. zur Nebelhornbahn.

❖ Fitness- und Indoorkletteranlage »inform«

Dank Tages- und Wochenkarte ist es auch Urlaubern möglich, die zahlreichen Angebote des »inform« zu nutzen. So z. B. die 250 m² große Boulderhöhle. Hier klettert man stets in Absprunghöhe, sodass keine Seilsicherung vonnöten ist. Der inform-Park bietet aber noch weit mehr: Neben einer 650 m² Kletterfläche mit zahlreichen Routen in verschiedenen Schwierigkeitsstufen, Slackline und Hangelparcours stehen auch ein großer Fitnessbereich, eine Sauna und sechs Tennisplätze (zwei davon in der Halle) sowie zeitweise Kinderbetreuung zur Verfügung. Benötigte Ausrüstungsgegenstände können entliehen werden. Montag, Mittwoch und Freitag gibt es von 9–11 Uhr Kinderbetreuung.
Adresse: inform Oberstdorf, Karweidach 1, D-87561 Oberstdorf, Tel. +49 8322 7979, www.inform-oberstdorf.de.
Öffnungszeiten: Täglich 6–23 Uhr.
Anfahrt: Von Oberstdorf auf der OA 4 (Rubinger Straße) Richtung Schöllang fahren und unmittelbar nach Überqueren der Trettach links zum »inform«.

Feuermachen beim Burmi-Wildnistag (siehe Freizeittipp W, S. 154).

Burmis Abenteuerferien bieten Spaß und Aktion in der Natur.

Bahn/Bus: Vom Bahnhof Oberstdorf mit dem Bus Richtung Schöllang/Sonthofen bis Haltestelle Campingplatz.

Kinderferienprogramm

Ⓦ Burmis Abenteuerferien

Im Kleinwalsertal sorgt in den bayerischen Pfingstferien und in der Hauptsaison montags bis freitags ein spannendes, wöchentlich wiederkehrendes (kostenpflichtiges) Programm für Nervenkitzel und Spannung, nicht nur bei abenteuerlustigen Kindern von 6 bis 16 Jahren, sondern teilweise auch bei der ganzen Familie. Geboten werden in einem Naturklettergarten unter Leitung und Sicherung von professionellen Bergführern »Kletterabenteuer« mit Klettern und Abseilen (6–12 Jahre) oder ein »Klettersteigschnupperkurs« (8–16 Jahre) mit dem Erlernen der richtigen Sicherungstechnik. Am Schwarzwasserbach wartet das Abenteuer »Flying Fox« (6–12 Jahre), bei dem es an einem Drahtseil hängend, gut gesichert, aber rasant durch eine Schlucht geht. Beim »Mountainbiken« (12–16 Jahre, Leihräder gegen Zusatzgebühr) erfährt man von erfahrenen Guides in einem Bikepark z. B. Tricks zu Sprüngen. Den/die »Wildnistag(e)« (6–12 Jahre) verbringt man mit dem Bauen einer Schutzhütte, Feuermachen ohne Feuerzeug, Werkzeugherstellung, Tierspurenlesen, Tarnen und Anpirschen. Auf Familien mit Kindern (von 6–16 Jahren) warten das spannende »Große Bergabenteuer« mit Seilbrücke, Abenteuerstationen im Klettergarten, Abseilen aus 40 m Höhe und der Flying Fox (Grillgut nach Bedarf für die Pause mitbringen) oder der »Bergsteigerschnupperkurs« mit einem Gipfelrennen. Die Attraktionen müssen bis zum Vortag (17 Uhr) in den Tourismusbüros oder in der Bergschule Kleinwalsertal in Hirschegg gebucht und bezahlt worden sein. Programm unter www.kleinwalsertal.com oder in der Touristinfo Kleinwalsertal.

Adresse: Kleinwalsertal Tourismus, Walserstraße 264, A-6992 Hirschegg, Tel. +43 5517 51140 (Büros auch in Riezlern, Walserstraße 54, und Mittelberg, Walserstraße 389). Bergschule Kleinwalsertal, Walserstraße 262, A-6992 Hirschegg, Tel. +43 5517 30245.

Aktionszeitraum: Bayerische Pfingstferien, Anfang/Mitte Juli bis Anfang September und Anfang/Mitte Oktober bis Ende Oktober.

Anfahrt: Auf der Walserstraße zum unmittelbar neben der Straße liegenden Walserhaus in Hirschegg.

Bahn/Bus: Mit dem Walserbus 1 bis nach Hirschegg, Haltestelle Walserhaus.

❌ Oberstdorfer Kinderferienprogramm

Auch in Oberstdorf wird jedes Jahr ein interessantes und umfangreiches (kostenpflichtiges) Kinderferienprogramm für Kinder im Alter von 6 bis 12 Jahren zusammengestellt. Angeboten werden z. B. ein Ausflug zum Ponyhof mit Ponyreiten, eine Moorweiherrallye, Korbflechten, Töpfern, Heubasteln, Besuch der Sommerrodelbahn oder des Kletterwaldes am Söllereck oder der Trappertag mit Goldwaschen, Herstellen von Werkzeugen, Brotbacken und Würstchengrillen am Lagerfeuer. Das jeweils aktuelle Ferienprogramm erhält man in der Touristinformation Oberstdorf im Oberstdorf Haus, dort auch Anmeldung.

Adresse: Touristinformation Oberstdorf, Prinzregenten-Platz 1, D-87561 Oberstdorf Tel. +49 8322 700127, www.oberstdorf.de/erholung/familie/.

Anfahrt: In unmittelbarer Nähe des Oberstdorf Hauses in der Ortsmitte von Oberstdorf befindet sich der große Parkplatz am Sachsenweg.

Bahn/Bus: Vom Bahnhof Oberstdorf mit der Buslinie Oberstdorf – Birgsau bis zur Haltestelle Prinzenstraße.

Nordi ist das Maskottchen des Oberstdorfer Kinderferienprogramms.

Stichwortverzeichnis

A
Adlerhorst, Berghütte 61
Allgäu-Walser-Card 7, 16
Alpe Dornach 71
Alpe Hinteregg 129
Alpe Melköde 41, 46
Alpenwald, Café 31
Alpenwildpark Obermaiselstein 118, 122
Alpe Schlappold 55, 87
Alpe Schrattenwang 76
Alpsee Coaster 150
Aubach 68
Audi Arena, Skisprunganlage 114, 115
Auenhütte 41, 46

B
Baad 15, 22, 31
Bacherlochbach 95
Balderschwang 138
Bärgunthütte 22
Bärgunttal 22
Berggasthof Bergkristall 77
Berghaus am Söller 76
Berghaus Schönblick 76
Berghaus Schwaben 128
Bergruh, Hotel 124
Bergstüble 77
Bernhardsgemstelalpe 27
Bibliothek Walserhaus 151
Bierenwang Alpe, Obere 55
Birgsau, Alpengasthof 93
Bolgenach 139
Bolsterlang 128
Bolsterlanger Horn 129
Breitach 50
Breitachklamm 70, 72, 81

Breitachklamm, Gasthaus 71
Buchrainer Alpe 92
Bühlalpe 36
Burmi-Erlebnisweg 50, 60
Burmis Abenteuerferien 154
Burmiwasser 10, 54, 59, 60

C
Café Jägerstand 104
Christlessee 98
Christlessee, Restaurant 99

D
Daumen, Großer 19, 108, 109
Dietersbach 98

E
Eberlehof 142
Edmund-Probst-Haus 19, 109
Edmund-Probst-Weg 77
Eichhörnchenwald Fischen 134
Einödsbach 92
Einödsbach, Berggasthaus 93, 94
Eissportzentrum Oberstdorf 152
Erdinger Sportalp 115
Erlebnis- und Familienbad Fischen 146
Erlebnisweg Uff d'r Alp 17, 111, 114, 115
Eschbach, Alpsennerei 93
Eugen-Köhler-Weg 40

F
Faistenoy, Gaststätte 86
Faltenbachtobel 114
Fellhorn 12, 16, 54, 86
Fellhornbahn 8, 55, 86

Fellhorn, Gipfelrestaurant 55, 86
Felsendom 123
Fischen 134
Freibad Riezlern 53, 56, 64, 81, 143
Freibergsee 77, 82, 84

G
Gemstelhütte, Hintere 26
Gemstelhütte, Obere 27
Gemsteltal 26, 28
Gerstruben 98, 101
Gerstruben, Berggasthof 99
Gipfelstuba 31

H
Haflingerhof Müller 143
Heimatmuseum Oberstdorf 151
Heimspitze, Alpengasthof 76
Heini-Klopfer-Skiflugschanze 83
Hirschegg 15, 65, 66
Hirschsprung, Parkplatz 119, 123, 124
Hirschsprung Stuben 119
Hochleite, Berghütte 77, 86
Hoher Ifen 6, 19, 40, 44
Hölltobel 98
Höllwieslift 82
Hörnerbahn 128
Hörnerweg Sinnesweg 129, 131
Hühnermoos 89

I
Ifenbahn 41
Ifenhütte 40
Ifersguntalpe 41

www.rosenhof.com

Wunderwandern für die ganze Familie.
...im Kleinwalsertaler Rosenhof!

Unsere Gäste haben alle, ob mit oder ohne Familie, Freude am fröhlichen Miteinander, an der familiären Atmosphäre und möchten entspannten Bergurlaub verbringen. Wir schaffen besondere Erlebnisse für den Mehr-Generationen-Urlaub – Familien, Oma, Opa & Co und schenken Erwachsenen wie Kindern „Naturentdecken" und „Berg-Kinder Ferien". Den Rahmen dazu bieten wir durch großzügiges Urlaubwohnen, authentische Ferienkulinarik, individuelle Spa-Angebote und besonders durch herzliche, persönliche Gastfreundschaft.

Wann dürfen wir Euch zu einem genussvollen Urlaub bei uns begrüßen?
Eure Gastgeber Suzanne Hugger, Patricia Wachter & alle Rosenhöfler

Der Kleinwalsertaler Rosenhof, Premium Familienhotel & Resort · An der Halde 15
A-6993 Mittelberg · Tel. +43(0)5517-5194 · info@rosenhof.com · www.rosenhof.com

inform, Fitness- und Indoorkletteranlage 153

J
Jägersberg 127
Jehlefelsen 125
Judenkirche 123

K
Kanzelwand 10, 54
Kanzelwandbahn 16, 55, 60
Kanzelwand, Panoramarestaurant 55, 61
Kapf 126
Kesselschwand 69
Kinderferienprogramm Oberstdorf 155
Kleinwalsertal 15
Kletterwald Bärenfalle 149
Kletterwald Söllereck 81, 87, 148
Koblat 3, 108
Koblatsee 19, 108, 112
Kühberg, Gasthof 104
Kuhgehrenalpe, Innere 61, 62
Kuhgehrenspitze 60
Kurfilmtheater Oberstdorf 151

L
Laufbichelsee 19, 108, 112
Lüchle Alp, Obere 31
Lüchle Alp, Untere 34

M
Mahdtalhaus 65
Max' Hütte 36
Minigolf Baad 148
Minigolf Oberstdorf 148
Mittelalpe 77
Mittelberg 15, 26, 31, 36
Moorbad Oberstdorf 145
Moorbad Reichenbach 145

Mumme-Stüble 99
Museumsdorf Gerstruben 98, 101

N
Naturalp Gemstel-Schönesboden 27
Naturbad Freibergsee 83
Naturbrücke 65, 67
Nebelhornbahn 16, 19, 109, 114

O
Obermaiselstein 118, 124
Oberstdorf 15, 104, 108, 115
Ochsenberg 123
Ochsenkopf, Großer 16, 128
Oytalhaus 103, 107

P
Ponyhof Boxler 142

R
Rappenalpbach 95
Reichenbach 147
Renksteg, Unterer 83
Riedberger Horn 129
Riedbergpassstraße 137
Riezler Alpsee 57
Riezlern 15, 41, 50, 55, 66, 76

S
Sagenweg 118
Scheuenalpe 138
Scheuenwasserfall 13, 137
Schlappoldkopf 86
Schlappoldsee 8, 54
Schlappoldsee, Berggasthof 55, 86
Schwabenhütte, Berggasthof 61
Schwand 91
Schwarzenberg, Berggasthof 119
Schwarzwasserbach 46, 48, 65, 67

Schwarzwasserhütte 19, 41, 47
Seealpe, Hintere 115
Seeblick, Gasthaus 83
Seeweg, Berggasthof 76
Sesselalpe, Berggasthof 71
Skatepark Riezlern 151
Sölleralpe 86
Söllereckbahn 76, 87
Sommerrodelbahn SöllereckRodel 76, 81, 150
Sonna-Alp 37
Spiel-Golf-Park Obermaiselstein 122, 148
Spielplatz Burgschrofen 118, 122
Spielplatz Riezlern 147
Spielplatz Wichteltreff 147
Stillachtal 92
Sturmannshöhle 118, 121, 122, 126

T
Talhütte 128
Tiefenbach 71, 124
Tonisgemstelalpe 27, 30

W
Walmendinger Horn 31
Walmendingerhornbahn 16, 31
Walserschanz 70
Weiherkopf 129
Widdersteinalpe 22
Wiesalpe, Innere 61
Wiesalpe, Untere 61
Wolpertinger Spielplatz 147
Wonnemar, Erlebnisbad 144

Z
Zafernalift 37
Ziegelbachhütte 83

Noch mehr Wanderspaß ...

Hallo Kinder,
in diesem Wandertagebuch könnt ihr alle eure Wanderungen, Bergtouren und Hüttenübernachtungen eintragen.

- Mit vielen Seiten zum selbst Ausfüllen und Gestalten
- Platz für Hüttenstempel, zum Malen und Fotos Einkleben
- Spannende Extraseiten rund um das Thema Berge

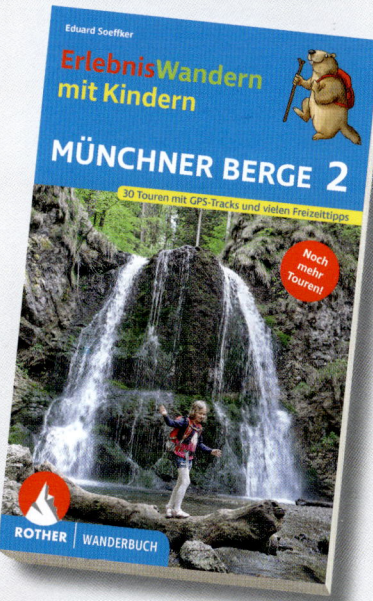

 **WWW.ROTHER.DE**

Impressum

Titelbilder: Oben: Felsblockbezwingerin am Koblat (Tour 18) und im Alpenwildpark Obermaiselstein (Tour 20).
Unten: Auf dem Höhenweg von der Söllereckbahn nach Riezlern (Tour 12).
Bild Seite 1: Unterwegs zum Scheuenwasserfall (Tour 24).
Bild Seite 20/21: Rollerabfahrt vom Oytalhaus (Tour 17).

Alle Fotos vom Autor mit Ausnahme der Bilder von S. 14, 22, 49, 52, 152, 153, 154 (Kleinwalsertal Tourismus eGen), S. 30 (Sigrid Soeffker), S. 69 o. (Hartmut Wacker), S. 73 (Breitachklammverein eG), S. 143 (Eberlehof), S. 145 (Barbara Brutscher), S. 146 (Tourismus Hörnerdörfer GmbH), S. 147 (Simone Gunst, www.mediavia.de), S. 155 (Oberstdorfer Kinderferienprogramm, Elena Alger).

Der Autor:
Eduard Soeffker, geboren 1969, ist gebürtiger Münchner und schon von Kindesbeinen an in den Alpen unterwegs. Mittlerweile lebt der Jurist im Pfaffenwinkel und gibt seine Begeisterung für naturverbundenes Wandern an seine Kinder weiter.

Kartografie:
Wanderkarten im Maßstab 1:25.000 bis 1:50.000,
© Bergverlag Rother GmbH, München (gezeichnet von Barbara Häring, Gröbenzell),
Übersichtskarten © Freytag & Berndt, Wien

Illustrationen:
Alle Illustrationen von Stephanie Stickel (www.stephanie-stickel.de).

Die Ausarbeitung aller in diesem Führer beschriebenen Touren erfolgte nach bestem Wissen und Gewissen des Autors. Die Benutzung dieses Führers geschieht auf eigenes Risiko. Soweit gesetzlich zulässig, wird eine Haftung für etwaige Unfälle und Schäden jeder Art aus keinem Rechtsgrund übernommen.

3., aktualisierte Auflage 2022
© Bergverlag Rother GmbH, München
ISBN 978-3-7633-3121-5

Wir freuen uns über jeden Korrekturhinweis zu diesem Wanderbuch!
Bitte per E-Mail an: **leserzuschrift@rother.de**

ROTHER BERGVERLAG · Keltenring 17 · D-82041 Oberhaching
Tel. +49 89 608669-0 · www.rother.de